红楼绝唱——曹雪芹

主编 金开诚
编著 马艳秋

吉林文史出版社
吉林出版集团有限责任公司

图书在版编目（CIP）数据

红楼绝唱——曹雪芹/马艳秋编著.—长春：吉林出版集团有限责任公司，2011.4（2022.1重印）
ISBN 978-7-5463-4994-7

Ⅰ.①红… Ⅱ.①马… Ⅲ.①曹雪芹（？~1763）-生平事迹 Ⅳ.①K825.6

中国版本图书馆CIP数据核字（2011）第054524号

红楼绝唱——曹雪芹

HONGLOU JUECHANG CAOXUEQIN

主编/ 金开诚 编著/马艳秋
项目负责/崔博华 责任编辑/崔博华 高原媛
责任校对/高原媛 装帧设计/李岩冰 赵 星
出版发行/吉林文史出版社 吉林出版集团有限责任公司
地址/长春市人民大街4646号 邮编/130021
电话/0431-86037503 传真/0431-86037589
印刷/三河市金兆印刷装订有限公司
版次/2011年4月第1版 2022年1月第5次印刷
开本/640mm×920mm 1/16
印张/9 字数/30千
书号/ISBN 978-7-5463-4994-7
定价/34.80元

编委会

主　任：胡宪武
副主任：马　竞　周殿富　董维仁
编　委（按姓氏笔画排列）：

于春海　王汝梅　吕庆业　刘　野　孙鹤娟
李立厚　邴　正　张文东　张晶昱　陈少志
范中华　郑　毅　徐　潜　曹　恒　曹保明
崔　为　崔博华　程舒伟

前 言

文化是一种社会现象，是人类物质文明和精神文明有机融合的产物；同时又是一种历史现象，是社会的历史沉积。当今世界，随着经济全球化进程的加快，人们也越来越重视本民族的文化。我们只有加强对本民族文化的继承和创新，才能更好地弘扬民族精神，增强民族凝聚力。历史经验告诉我们，任何一个民族要想屹立于世界民族之林，必须具有自尊、自信、自强的民族意识。文化是维系一个民族生存和发展的强大动力。一个民族的存在依赖文化，文化的解体就是一个民族的消亡。

随着我国综合国力的日益强大，广大民众对重塑民族自尊心和自豪感的愿望日益迫切。作为民族大家庭中的一员，将源远流长、博大精深的中国文化继承并传播给广大群众，特别是青年一代，是我们出版人义不容辞的责任。

本套丛书是由吉林文史出版社和吉林出版集团有限责任公司组织国内知名专家学者编写的一套旨在传播中华五千年优秀传统文化，提高全民文化修养的大型知识读本。该书在深入挖掘和整理中华优秀传统文化成果的同时，结合社会发展，注入了时代精神。书中优美生动的文字、简明通俗的语言、图文并茂的形式，把中国文化中的物态文化、制度文化、行为文化、精神文化等知识要点全面展示给读者。点点滴滴的文化知识仿佛颗颗繁星，组成了灿烂辉煌的中国文化的天穹。

希望本书能为弘扬中华五千年优秀传统文化、增强各民族团结、构建社会主义和谐社会尽一份绵薄之力，也坚信我们的中华民族一定能够早日实现伟大复兴！

目录

一、奇特的家世   001
二、文星的诞生   015
三、家道中落   029
四、四合院里的童年   037
五、少年的游玩地   049
六、否极泰来   061
七、第二次巨变   081
八、漂泊的生活   093
九、乡村生活   113

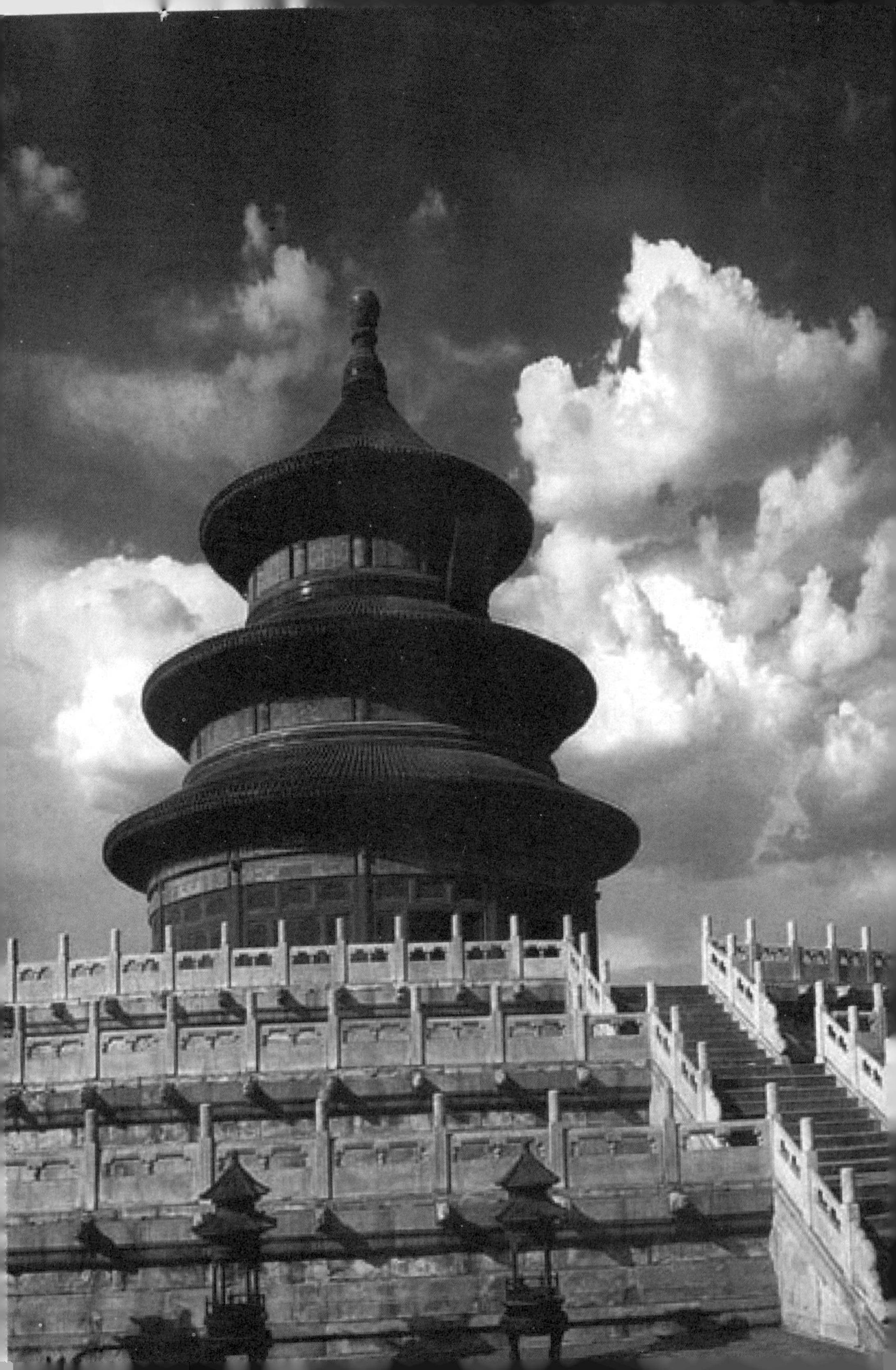

一、奇特的家世

奇特的家世

（一）家世与社会地位

曹家原是正白旗旗主多尔衮的家奴，在入关后的初期，多尔衮权势很大——他的侄儿顺治皇帝年幼，他因此担任摄政王，是实际的掌权者。因此，曹家依其权势也日益兴旺繁盛起来。清朝皇帝为了避免重蹈明朝太监窃权而致亡国的覆辙，就将太监的"二十四衙门"废

掉，另立了内务府。内务府的官员全部是皇室家奴，只由一位亲王做总管大臣。这内务府的人，绝大多数是早年被俘、犯罪而没入奴籍的汉人"世家"。他们的处境很特别：一方面是奴隶，身份极其低贱，生命、行动、财产乃至婚姻，都由各旗主掌握，没有任何自由，子子孙孙都是命定的皇家世仆；但另一方面，他们和皇家的关系异常亲密，从物质生活到仕宦出路，都比一般人要优越得多。他们往往被派遣担任某些经济要职，因而成了皇帝的"钦差大臣"，地位非常高。

曹雪芹就生在这样一个既贱又贵的人家。他的祖父曹寅，就是内务府中一个出类拔萃的天才诗人、艺术家。

曹寅之所以能出人头地，是由他父亲曹玺的命运决定的。

原来，清朝统一后的第一代皇帝顺

奇特的家世

治，二十多岁就因天花而亡。要知道，那时候还没有种痘的医术，因此得病死去的人很多，所以人们特别害怕这个病。顺治死后，出过痘的第三皇子玄烨在继承皇位的竞争中取得了胜利。尽管顺治生前并不重视玄烨，他心中另有宠爱的儿子。但是此子没出过痘，因此最终被否决了。在这件事上，日耳曼籍的传教士汤若望起了很大作用——当时西洋人在清廷很受重视，统治者遇事都要咨询他们的意见。玄烨的中选，使得与玄烨亲近的亲属大为兴奋，真是天降喜讯。

在这些人中，有一家人特别高兴，这就是曹玺一家。

那时的皇子不是由生母亲自哺

育培养，而是由四名乳母和四名保姆负责抚养。因此，皇子只在特定时日面见生母，礼仪性远过于天伦性；而在孩子心中，乳母才是他真正的慈母，感情深厚。保姆比乳母更不同，乳母只管喂奶，并不与孩子一起生活；保姆则朝夕不离，并且要教给皇子语言、知识、礼仪等，所以保姆也叫"教引嬷嬷"。教引嬷嬷对皇子的品格和成长影响极大，所以入选充当这种职务的内务府妇女都是一流的人才。曹玺的妻子，就是顺治皇子玄烨最重要的教引嬷嬷。她在22岁就被选中做了保姆。

因此，当曹玺一家闻知皇子玄烨突然被选为小皇帝，他们的欣喜和兴奋就可想而知了。

曹玺是康熙二年（1663年）被派到南京的。他时任织造监督，严格来说，并非正式官员，只是内务府人员的一种临时差遣，暂驻江南给皇家办理织造衣物等事，为期一年后便轮换为他人。但由于是康熙的亲信，竟然打破了惯例，曹玺一人一直连任到康熙二十三年（1684年），因老病卒于任上。从这一点就可以看出康熙帝对曹家是多么亲厚了。

清代教育皇子的制度极其严格，太子做了皇帝，为了处理政事，更要勤奋读书。康熙本来就是个刻苦好学之人，一直对汉文化孜孜不倦地学习。他的老师是江宁名儒熊赐履，小皇帝每日从师读书，需要有伴读，即陪同他一起上学房学习的小伙伴。康熙的伴读中便有曹玺的长子曹寅。曹寅天资过人，聪颖异常，学识文才都超过常人。而且曹寅从小就是康熙的好朋友，身份是"奶兄弟"（他比康熙小4岁）。

不但在文学方面如此，在武术骑射上，曹寅同样是个出众的英才。曹寅年少时是康熙的御前侍卫，两人的关系是"明是君臣，暗如手足兄弟一般"。由此可知，

康熙这个最爱人才的皇帝,对曹寅是多么喜欢和看重了。

康熙二十三年(1684年),曹玺因劳累过度,病故于江宁织造任上。当时的南京百姓深切哀悼曹玺的辞世。因为他到任后,清除了明代太监掌管织造的弊端,减轻了机户工匠的沉重负担,又不作威作福骚扰地方,并多行义事,受到百姓爱戴。因此,当地百姓专为他建了一所祠堂。以大学士熊赐履为首,诗文大家纷纷撰写悼词,并且刊印成了书册。这说明了江南士人对曹玺的好感,而这种感情对于后来他的儿孙到此地继任,打下了坚实的群众舆论基础。

(二)曹雪芹的祖辈

康熙帝本来有意让曹寅继任其父亲的职位,但事情没有那样顺利,其间经历了一段长达九年多的曲折。康熙为了工作需要与政治上的安排，召曹氏一家回到北京，任命曹寅为内务府广储司的郎中（掌管皇家财物的副长官）。这是为了使他先取得出任江南织造的必要资历（曹寅的父亲曹玺，也是在获得内务府郎中身份的基础上才得以担任织造一职的），而暂任他人充当织造之职。到了康熙二十九年（1690年）夏天，曹寅才以郎中兼佐领的身份被差遣到苏州做织造监督，旋即监管江宁织造事务。那年，曹寅33岁。

曹玺生有两子，长子曹寅，次子曹宣。曹宣一直在北京当差，曹寅却在江南三大都会苏州、南京、扬州生活了二十二年。在这二十二年中，除了织造公务、巡盐运使的公务等等，他的主要精力都用于从事文学艺术活动。中国历史上第一部《全唐诗》，便是由曹寅力主编印的，编辑这部巨著一共花费了十年的时间。曹寅本人是一位藏书家、刊书家、书法家，而且在诗、词、曲的创作上，也得到了当时名家的

肯定和赞扬。他著有《楝亭集》和《续琵琶》《北红拂记》《太平乐事》等，充分显示了超群的才华和风度。

在此后的六十多年中，曹家一直掌管着皇家的江南织造事务。这期间，康熙帝六次南巡，除了一次中途因故折回，一次令住别处之外，在江宁时都以织造府为行宫。无论从哪个角度上说，曹家都是迎接圣驾的主领人物，超过了其他地方高级官员。在这四次接驾中，要数康熙三十八年（1699年）这次对曹家最为重要。那年的夏历四月，康熙帝又一次以江宁织造府为行宫。康熙帝的老保姆孙氏夫人，年已68岁，拜见了康熙。康熙见了她，非常高兴，说："这是我们家的老人啊！"其时正值庭中萱花盛开——在中国文化中，这种花是慈母的标志和象征，因此康熙特为孙夫人手题一巨匾，上书"萱瑞堂"

三个大字。毫无疑问,这表面上是为曹寅母祝寿,实则表达了自己对这位辛苦慈爱的嬷嬷的尊敬和感念。

这件事,在江南被传为佳话,很多文士为此写作了赞颂的诗篇。它也标志着曹家的权势达到了一个新的高峰。

中国有句古话:"天有不测风云,人有旦夕祸福。"康熙五十一年(1712年)的农历七月二十三日,曹寅忽然染病身亡。据说曹寅患的是疟疾。曹寅之死,过于突然,他那时也不过是51岁的中寿之人。江南人士都为他的逝世而深深哀悼。

由于曹寅在任期内为当地人做了不

少善事,因而深得民心。此时,江宁士民并机户经纪、经纬行车户、缎纱诸品匠役、丝竹行、机户及浙江杭州、嘉兴、湖州的丝织商人等,纷纷聚集到巡抚郎廷极的公馆呈递呈文,称颂曹寅生前的许多善政,恳请巡抚大人题奏,请求曹寅之子曹颙继任织造。

巡抚郎廷极在奏本中尊重实情,为曹寅说了不少好话,给这奏本增加了不小的分量。

同年八月,内务府请补派江宁织造时,康熙帝就命曹颙继任,并命曹颙的舅舅李煦代管巡盐一年,以补曹寅任内所亏欠的公款。

曹家这时的处境已十分可怜。曹颙在奏折里曾说:"伶仃孤苦,举目无亲。"

可是,曹家的厄运只是刚刚开始。

曹颙那时恐怕只有十八九岁。他于康熙五十二年(1713年)正月正式补放了江宁织造之职，二月初二到任，谁知只过了两年，便于康熙五十四年(1715年)正月初，忽然染病而亡。

此时曹寅家中只剩下婆媳二人：寅妻李氏和颙妻马氏。

康熙帝见他家的情况如此不幸，便又特下谕旨，在曹寅之弟曹宣的诸子中选一名最合宜的过继给李氏做嗣子，而且还特命此子再次继任江宁织造，以维持这个几乎濒于绝境的门户。

这个被选中的小孩，名叫曹頫——他就是曹雪芹的父亲。

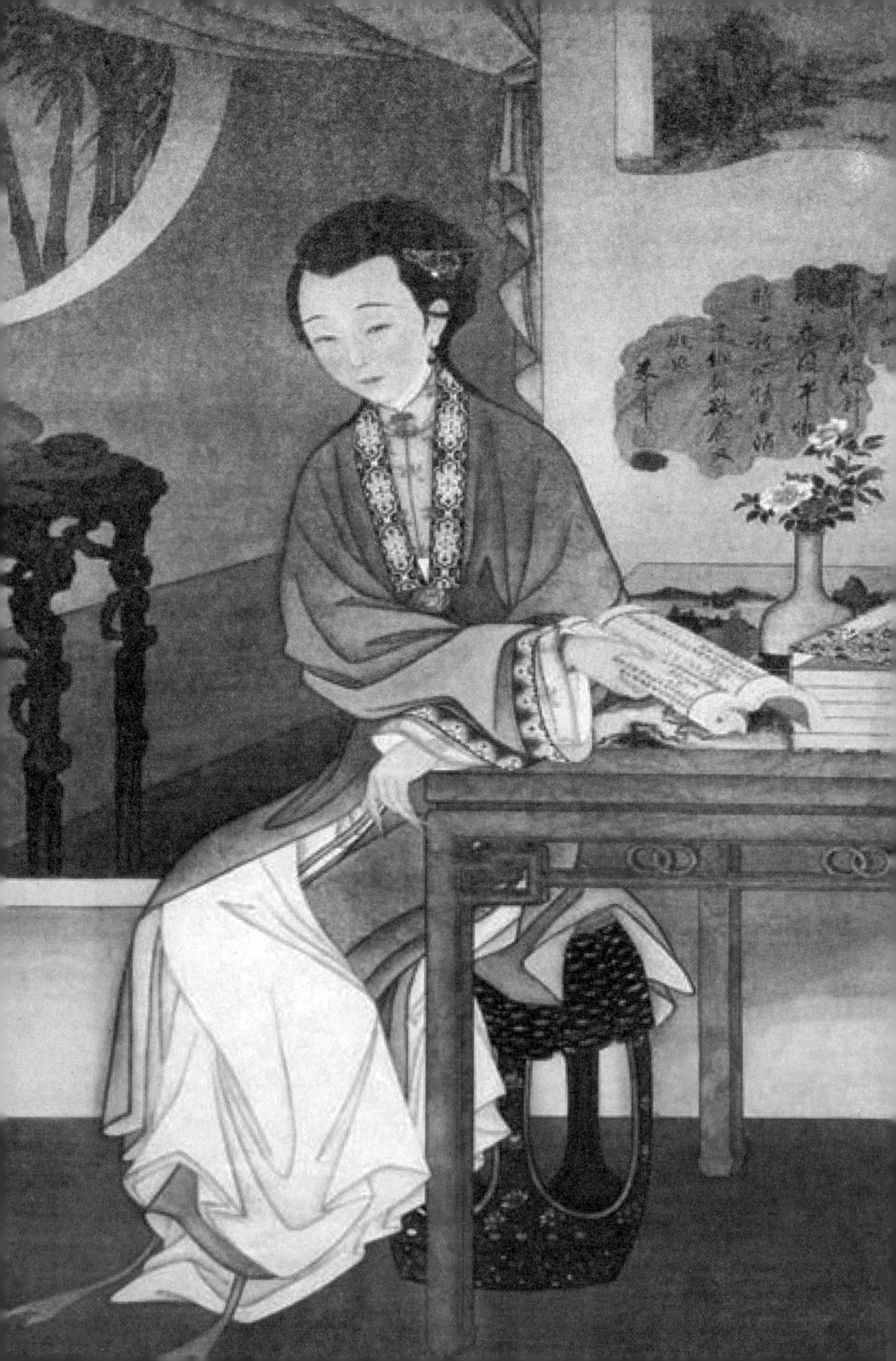

二、文星的诞生

文星的诞生

(一) "生不逢时"

曹頫与他的父亲一样,也不是个凡才。康熙帝曾称他是文武全才,但英年早逝,死得十分可惜。那么曹頫又如何呢?曹頫是曹宣的第四子,曹寅曾称赞曹宣的诗画技艺,又说他的儿子们能继承自己的才艺,实在令人欣慰。曹宣特别重视自己的第三、第四两子,认为他们日后必成大器。曹頫也被时人称赞为"好古嗜学",能继承其家学,因此说曹氏一门辈辈皆出奇才。

然而曹頫又是一个苦命的世家公子。自从他被选中充当曹寅的继子后,几乎没有一日不是在忧愁恐惧、公私交困的境况中度过。

曹頫于康熙五十四年(1715年)继任江宁织造后,勉强支撑了大约十年光景,一次巨大的变故便降临到了他头上。

曹家的命运是与康熙帝紧紧地连在一起的,但祸害曹家的,也正是康熙帝的一群皇子。康熙一生生了三十多个儿子,他们为了继承皇位明争暗斗,而曹家就是这场政治风浪中的牺牲品。

四皇子胤禛在康熙在位第六十一年(1722年)的十一月夺得了皇位,次年改元,年号"雍正"。在雍正帝为了全力控制局面、巩固地位的一系列举措中,曹雪芹的舅舅李煦一家首先遭到了迫害。

雍正二年（1724年），在中国的文学天空中，一颗光芒四射、璀璨夺目的巨星，开始冉冉升起。

这颗巨星，就是中国最伟大的小说家曹雪芹。他的诞生，是中华民族的骄傲，也是全人类的骄傲。

那是雍正二年的夏天，闰四月的二十六日下午二时左右，南京织造府的内院传来了喜讯："皇天喜赐麟儿。"曹家有了新后代！

内院走出了几位丫环和高等仆妇，她们来到书房，即曹頫日常办事和休息的地方，得到允许后，她们躬身进入，屈膝请安。

"回禀老爷，天大的喜事！""给老爷贺喜。"

"什么事？"曹頫有点惊讶。

"回老爷，未时二刻，太太生了一位哥儿，母子平安。这可是咱们全家的大喜事！"

红楼绝唱——曹雪芹

"哦，知道了。新来的嬷嬷都齐了吗？"

"回老爷，都齐了。老爷一切放心。太太吩咐，七日后，请老爷赐哥儿名字。"

"知道了。你们去吧。等取名那天赏你们。"

"是，是！谢老爷的恩赏。"

曹頫心头起了一个小波澜，又得一子，也觉得可喜，可他十分镇静，没有流露出明显的喜色。他内心疑惑："这孩子偏赶这年月出生，来得怕不是时候吧？"

他的微喜被堆在心头的焦虑给压倒了，他感到这个孩子"生不逢时"，他的出生未必值得庆贺。

曹頫的焦虑不无道理，京城里不断传来催逼款项的消息。曹寅、李煦两处织造亏空（还包括两淮盐务的亏空），共达八十一万两之多。

尤其令曹頫烦恼的是，这时偏赶上江南罕有的大旱。从雍正改元到第二年的春夏，雨雪皆无、田禾枯焦、蝗虫孳生、民心浮动、险象环生……要知道，封建社会大家都信奉一条：如果皇帝英明，君明臣贤，那么上天就赐予好天气，风调雨顺，五谷丰登；否则定会天时不佳，水旱成灾。因此，这场大旱灾，对新登基的雍正来说，面子上很不光彩，特别是他的皇位尚且没有坐稳，舆论也正处于不利之时。曹頫身为织造，职责中有一项便是要按期报告江南的"晴雨"，即天时气候的情况及重要的变化。这么一来，曹頫的报告措辞就越发难以拿捏：灾报轻了，是欺君；灾报重了，又像是给新皇帝脸上"抹黑"。

因此,闰四月二十六生下的公子,并不能减轻他的焦灼,曹頫实在感到这是一种"不吉之兆"。这大约就是曹頫不太喜欢这个儿子的根由吧。

说来奇怪,在这个孩子出世三日之后的五月初一日这天,忽然阴云密布,天降大雨,万众与田中禾谷一样,从极端焦渴中忽然得到了滋润和苏醒。

织造府的曹頫也是如此。

(二)幼年霑哥

大雨从五月初一一直下到初五。这场雨是在中国重要节日端午节即将到来时降落的,所以显得更加喜庆。曹頫忙命书文相公(相当于今天的秘书)起草呈报的奏折。

曹頫必须亲笔书写非常恭敬的小楷，方能驰送京师。他一笔一画地写着。这时，内院的丫环、仆妇、保姆等又来求见。

"什么事？"

"回老爷的话：太太说哥儿已过七日了，须求老爷赏他名字，打发奴才们来请示老爷。"

"哦——"曹頫停笔沉思着。

他一眼瞥到奏折里几个突出的字："淋漓霑霈。"

他又想起《诗经》里那两句名言："既霑既足，生我百谷。"

这个"霑"字跃入了他的眼帘，他突然觉得这个字很有意味。

"就叫霑哥儿——上边雨字头，下边是三点水的沾。你们回太太，人们都说这场喜雨是这孩子带来的，就从这雨上起名字。"

"是，是！这好极了，好极了！"

原来，这"霑"字原是雨雪水量充足、灌溉稼禾的意思。但是，官场上俗气的用法，已把它移到"霑（皇家的）恩"这层语义上去了。

曹頫内心深处不敢告人的话，很可能是："这孩子沾的是'天恩'，是老天的恩惠，哪里是什么皇家的恩赐？"

按满族的风俗，小孩生下来七日，他的外家（母亲的娘家）就要送来贺礼，礼品包括摇车、衣袜等小儿用品，还有一种有趣的东西，叫做金银麒麟。

中国古代幼儿的衣服鞋袜，皆为女子手工制作，工艺十分精美。在佩饰上，小孩的脖子上、身上，常常佩戴着几种物件，既是装饰，还有"避邪"的作用。像曹頫这样的家庭，给孩子佩戴的至少有项圈、寄名金锁、护身符等物件。那时候夭亡率很高，怕孩子长不大，圈、锁是取其能够圈住、锁住孩子的命，不被死神夺去生命的意思。锁和符，是花了钱求僧道寺观赠送的，名义上把小孩看做是他们挂名的弟子，多病且难保成长的孩子甚至还有去寺庙里出家的，以为这样才能保住性命。

除此之外，小孩的父祖赐孩子一件珍贵的佩饰，也是常有的情形。曹雪芹的脖子上大约也有一块小小的玉佩。玉佩上面镌刻着吉庆和避邪除灾的字句，把这样的玉饰挂在孩子的脖子上，当然是最合适不过了。曹雪芹幼儿时，正有一件这样的玉饰作为心爱的"伴侣"。

雍正三年（1725年）四月二十六日，恰巧赶上芒种。

这是一个美好的节气。小孩生在闰月，照规矩他的第一个生日就是四月二十六日了，而这个芒种节，却无形中成了

他生辰的特殊标志。

在北京，晚春的花如芍药、牡丹，往往到初夏还在盛开。但到芒种，重要的花却都开过了，一时显得相当地寂寞——正如词人所说的——"绿肥红瘦"的景象了。曹雪芹日后自己想来，似乎芒种节是花神离退的日子，而他的生日，有点自己给花神饯行的意味。

这个想法，当然有些奇怪，可他确实是这么想的，并且这也是对他命运的诠释：美好的春光已逝，百花凋谢，他是作为一个专来"饯花"的悲剧性角色而降生到人间的，这也正是他的"末世感"的另一种表达。

在《红楼梦》第二十七回，写的正是四月二十六的芒种节，众女儿在花园中举行饯花仪式，其实这是与曹雪芹的生辰相关的重要场景。

周岁的小雪芹，有相当多的时光还要在摇车里度过，听着嬷嬷给他说唱悦耳的儿歌,将他引入温馨的梦乡中去。

小孩子爱听大人讲故事,小雪芹也不例外。但是小雪芹却有一次与众不同的经历:听洋人讲外国故事。

曾有一位英国的名叫菲利普·温士顿的商人,到了南京,结识了曹頫。曹頫请他传授西方的纺织技术。在宴会上,这位慷慨好客的东道主即席赋诗,以抒怀抱。菲利普为了酬答盛情,就讲了些《圣经》故事及莎士比亚剧本故事给主人听,他口才很好,讲得绘声绘色,很是引人入胜。

按照礼法,妇女与儿童是不许在这种场合露面的,可是,好奇淘气的小雪芹却违反了这种规矩,他偷偷地走到附近偷听这些动人的故事,听得入了迷。

这自然很容易被人发现。后来曹頫得知此事,十分生气,把小雪芹训斥了一顿。

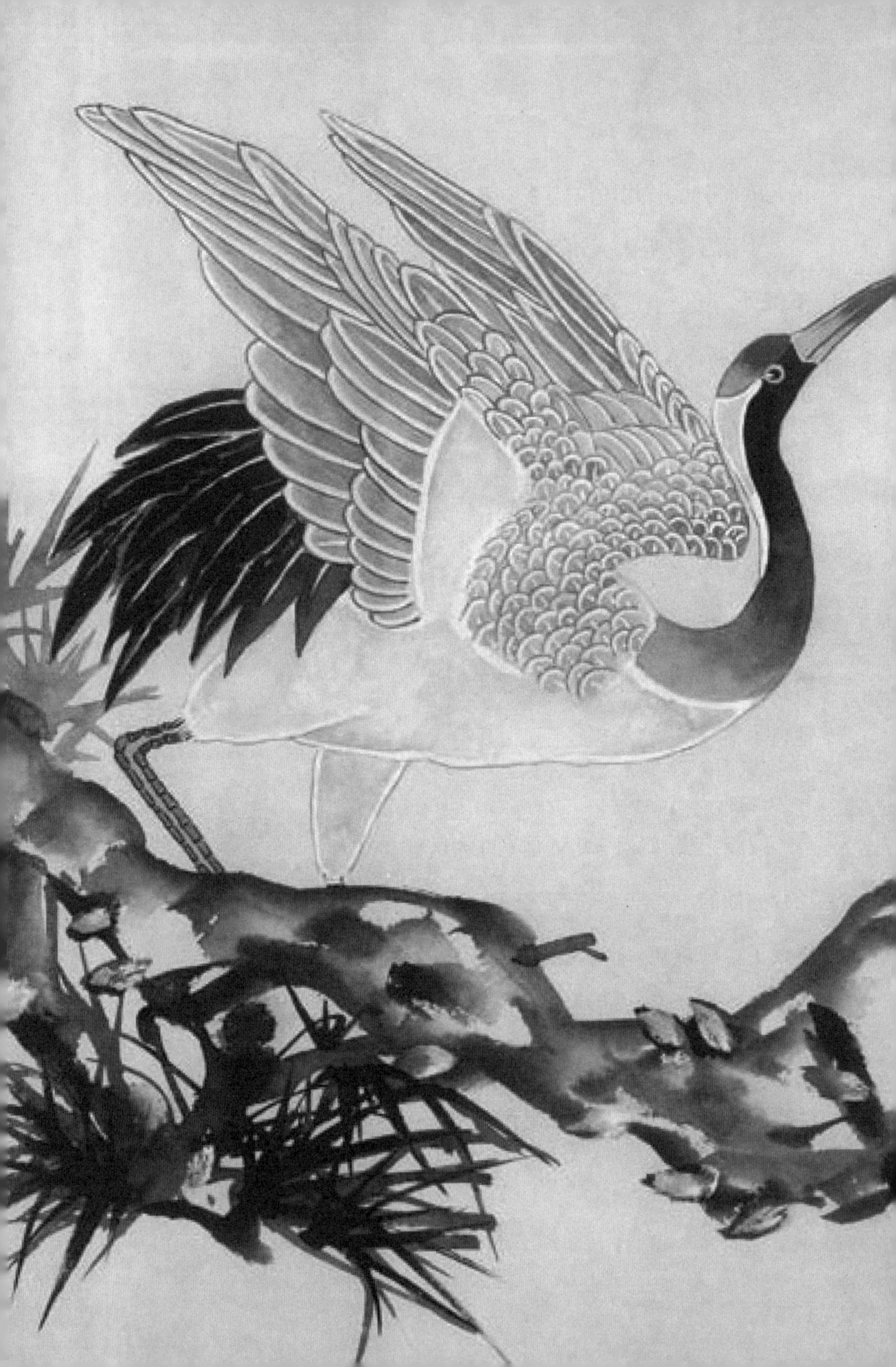

三、家道中落

家道中落

雍正五年（1727年），曹家在政治风浪中勉强维持残局，然而一系列新的事件又发生了，曹氏一家终遭不测，曹雪芹终于成了犯官罪人的孽子孤童。

曹雪芹虽然只有5岁，却不得不面临人生的第一个重大的转折。

雍正五年（1727年）也是曹𫖯非常窘迫的一年。

这一年五月，因为进贡物品"奢泰"，

遭斥责。

六月，因江宁所织御用褂面等落色，罚俸一年。

十二月初，因山东总督塞楞额参奏三处织造送龙衣途中勒索骚扰百姓，降旨严审。

十二月十五日，李秉忠接替杭州织造孙文成，隋赫德接管江宁织造曹頫。

十二月十五日，上述命令下达。曹頫罢职待罪。

在中国，"年"是全民最盛大、最欢乐、也最富有诗意的重要节日，但在曹家，这个年却过得无比凄惨，被抄家且成了罪犯，顿时曹家满门被置于一种绝境之中。

4岁的曹雪芹，自从出生以来，第一次

领略了什么叫灾难，尤其是大祸临头时全家成员那种恐惧、窘迫、无助、绝望的神情和失常的举动，是童年的曹雪芹一生都无法忘掉的。说来奇怪，谁也无法预料，曹雪芹最终也死在了除夕的晚上。

江南总督范时绎接到命令后，大约忙了一个月，才把曹家的财产查清、造册、封存。约于二月初上报到北京。

查抄出来的家产清单，与当时的满汉高官及大户相比，简直太寒酸了。连硬心肠的皇帝，在听了奏折后，也生出些"不忍"之心。曹家当时已是何等的惨况，可想而知。

隋赫德的奏折透露了两点：一是雍正将曹家的房屋人口赏给了他；二是雍正命令他给曹家"少留房屋，以资养膳"。可见雍正在惩治曹家这件事上，做了错

红楼绝唱——曹雪芹

误的估计,也听信了别人的谗言——说曹頫转移、隐匿资产。而查抄的结果竟是如此可怜可叹,不免使他"天良发现""扪心自愧"了。

后来雍正见曹家实在可怜,发了善心,特命留一点房子给曹家,使两世孤孀有一处立锥之地,不至流落街头为丐,于是把在京的一处住房拨给了曹頫一家。

令人感到意外的是,雍正还批准给曹家留了奴仆六人,即三对夫妇的私家世仆。

至于曹頫本人,"因罪曾被枷号,即用木枷钉锢,在露天里示众"。从此以后,曹頫的命运究竟是怎样的,到现在为止,还没有发现文献记载,因此不能妄断。无论如何,随着父亲获罪而还京的曹雪芹，确实住进了新拨给的恩赏住房。

曹雪芹的北京生活由此开始，直到他病逝于城外西郊。

曹家的这处北京新居，坐落在外城偏东，崇文门外直对的南面一处叫蒜市口的地方。在此，隋赫德给曹家安排了一个小院子，共有十七间半房屋。虽说这是北京最简单的"四合院"，但仍然是一个独门独户的封闭式宅院。曹家虽是犯官，但毕竟是内务府旗人，在当时的政治环境中，他们是应该与汉人有别的。

单单把他家安排在城外居住，已足以说明曹家此时的政治地位发生了极大的变化。

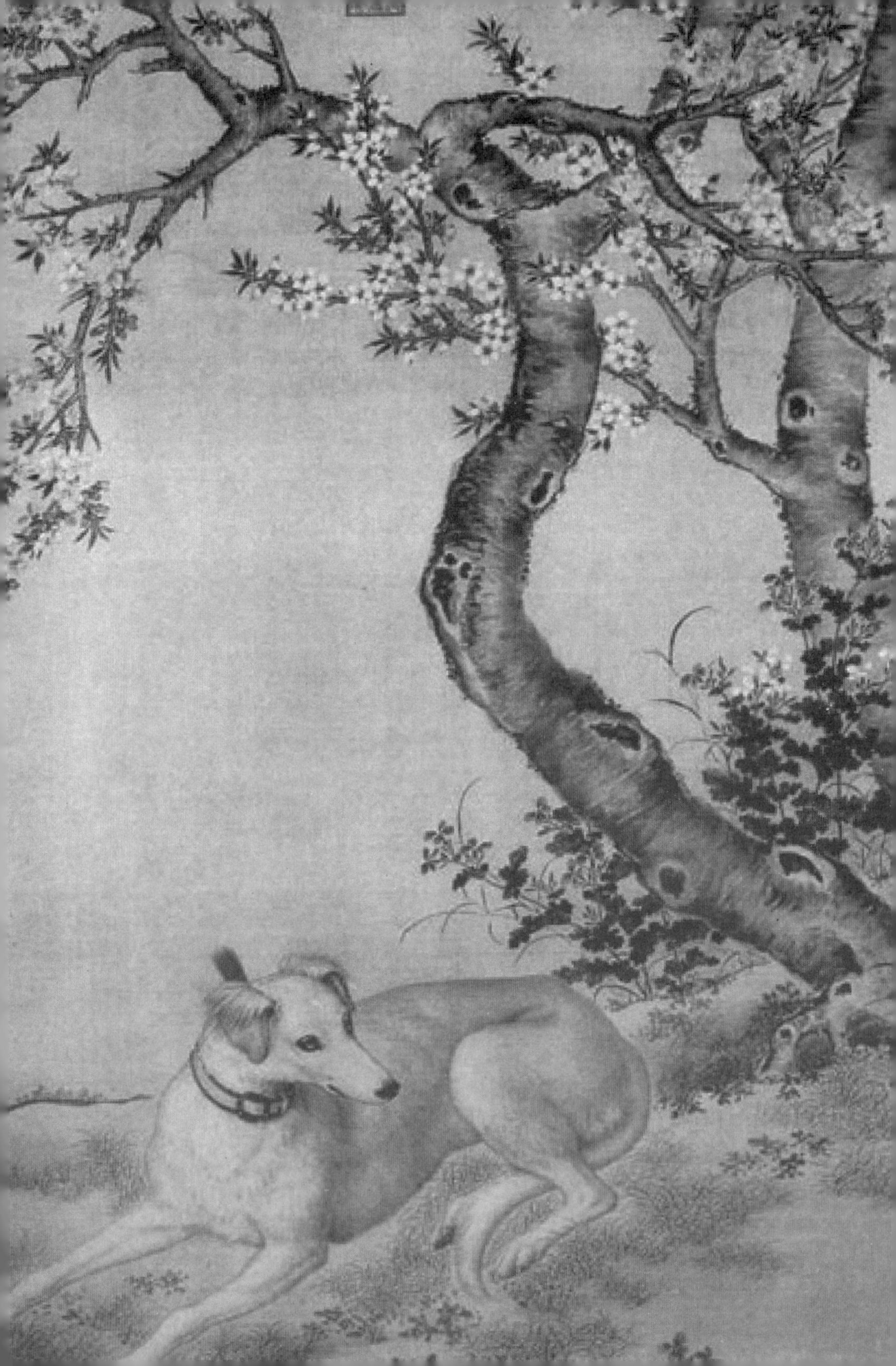

四、四合院里的童年

(一)淘气的神童

5岁就遭遇家变的曹雪芹,来到北京蒜市口的一个小四合院,那时这里是"犯罪之家",父亲曹頫的命运吉凶未卜。曹雪芹虽幼小,生来却极其聪慧,也是一个早熟的天才,正像他的祖父曹寅一样。他4岁就读完了四书五经。一般来说,一个学生要读完这些艰深的书,快的也需要

红楼绝唱——曹雪芹

读到20来岁。4岁就已经读完这些书,是不可想象的奇事。他对事物有高度的敏感。他对一切人、物、事都具有深刻的观察和认识的能力。不幸的是,他是罪臣家的孩子,家境和世态在他心中烙下了难以磨灭的印记。作为一个孩子,他从生来就是不幸的,童年对他来说,是一场噩梦。

他那时当然还不叫"雪芹",这是后来的称呼。他那时该是叫做"霑哥儿",满族旗人的习俗是如此的。霑哥儿在北京熬过了三年。

小霑哥自幼深受文化教养,特别讨人喜欢的是,他待人接物礼数周详,举止优美,进了学房,竟然超过了王公家的子弟,老师对他已经是另眼相看了。他一开始读书,更把老师惊得怔住了。

中国的学童,自古多有聪明颖悟智慧超群的,常能"一目十行""过目成诵"。

霶哥则真是一目数行俱下,只念一两遍,就能背诵如流了。他不但学得快,而且悟性极高——他能明白书上所讲的道理,得其精义,不只是背死书。

渐渐地,先生发现这个令人喜爱的学生也并不只是聪明过人,他另有些奇怪脾气、淘气、会思索,常常发出疑问,使先生张口结舌,回答不出。还不时有一些令人惊讶的怪话怪论,听起来十分大胆,使先生为难,而先生也只好以申斥他不守规矩、胡言乱语而不了了之。

因为家境的关系,霶哥上学时年龄已比一般满族世家的孩子晚了。上学也只能念那些规定的四书五经。这对小孩子来说,是极其枯

燥乏味的。

然而霑哥儿是一个聪颖而又淘气的孩子,死板地认字、背书这种学习,是不能使他感到满足的。于是他很快就偷偷地转入了另一个新的阶段,即"杂学"。

什么叫"杂学"呢?在曹雪芹生活的年代,读经典是为了作"八股"文章,由考官在四书里选择一句话作为文题,考生必须以"代圣人立言"的口吻来发挥题目的意义,文章要按规矩分为八个段落,故名"八股"。除这一"正学"之外,其他一切学问都得归入"杂学"范围,身份就要比"正等"低级得多了。

曹雪芹最厌恶这种假学问,他在小说里写那些醉心于八股文的人,叫他们做"禄蠹"。他写小说主人公贾宝玉,说他"愚顽怕读文章",今日读者多已不懂了。其实,那"文章"二字,并非与现在的含义一样,在那个时代,它专指"制艺",即八股文,也叫"举业"。

小雪芹天性不守规矩,求知欲强,感情丰富敏锐,他需要的不是应考的假学问,而是真正才华横溢、抒写性灵的中国古代诗词文赋,以及被士大夫轻贱的民间通俗文学——小说、剧本、弹唱曲词等在中下层社会流行的文学形态,当时也叫做"闲书"。

而曹家政治地位的骤降,也使曹雪芹得到了远比内城和皇城里的孩子们多得多的接触"杂学"和"闲书"的机会。

(二)启蒙老师

曹雪芹从少年时就"不务正业"(学八股制艺),专爱"旁学杂收",但他想要寻觅"杂书",却面临着很大的困难。祖父一生的藏书,抄家时已经被抢掠一空,而他此时尚小,还不到读那些古书的阶段。由于他所居之地接近中下层社会,所以曹雪芹读的"杂学闲书",就是流行当世、十分易见的各种小说和剧本。

明清时期,长篇章回小说和元杂剧、明传奇剧本都极受读者欢迎,其流传之盛,超过任何官定的课本(四书五经)。尽管正统士大夫非常鄙视这种作品,但从明代以来,情况却发生了重大的变化:一是众多天才作家由于科举无从施展才华和智慧,便把精力投入到了小说和剧本的创作中,因此质量很高;二是从明代中叶起,出现了一派"批点家",专门给流行的头等小说剧本做出"批点",刊刻行世——所谓"批点",是中国独创的一种文学批评的形式,指对作品逐字逐句地进行品评鉴赏,并将评语写在正文的句下或句旁。

在"批点"方面,出现了一个人,名叫李贽,人称李卓吾先生。此人的出现对中国通俗文学的流行,起到了巨大的作用。而李卓吾先生,也是曹雪芹真正的"启蒙老师"。

李卓吾比曹雪芹早降生了二百年。他写了大批的著作,因为他的见解与世俗正统不太和谐,所以遭到很多

人的仇视,被诬称为"妖人",官府将其缉拿下狱。他没有"悔过"认罪,坚称他著的书是对人有益的,结果弄得官府没法定案,只得将其困在狱中不予发落,最后他用剃头刀割断了自己的喉咙,离开了人世。

小雪芹也绝不是一个学究式的人,他在读小说、剧本时受了李卓吾点评的巨大影响。

曹雪芹的另一位"老师"也是一位奇人。此人官居御史,人称谢御史,名叫谢济世。他曾被曹雪芹的表兄福彭聘到平郡王府教导小世子庆明,因此,小雪芹就有了跟从谢老师听讲和学习的机会。

那一年,十二三岁的雪芹,在表兄府里,附学伴读,接受了谢先生的教诲。

师从谢先生,曹雪芹首先受到了高尚德行的熏陶——刚正不阿,不畏强暴,勇揭私弊,敢于冒死坚持真理,不迷信偶像。谢先生对天文地理及动植物都善于观察分析，富有科学精神，学识十分丰富，不只局限于对书本文字的空谈玄议。谢御史回到北京以后，出门在街上行走时，民众都争相观望他，都想看看这位不畏强权的奇人。

谢御史过于刚正，在朝廷中不受同僚欢迎。他上书建议改进科考专凭"八股文"与字迹合格取士的旧规陋制，并多次进呈自己的论著，可惜都没有得到皇帝的重视。1738年，便自请外任去了。从此，平郡王府不见了这位老先生的足迹，雪芹的从旁受益，自然也宣告结束了。

失掉良师的亲授，雪芹的"杂学"，当然更离不开各种社会人群，也更离不开各种书籍了。

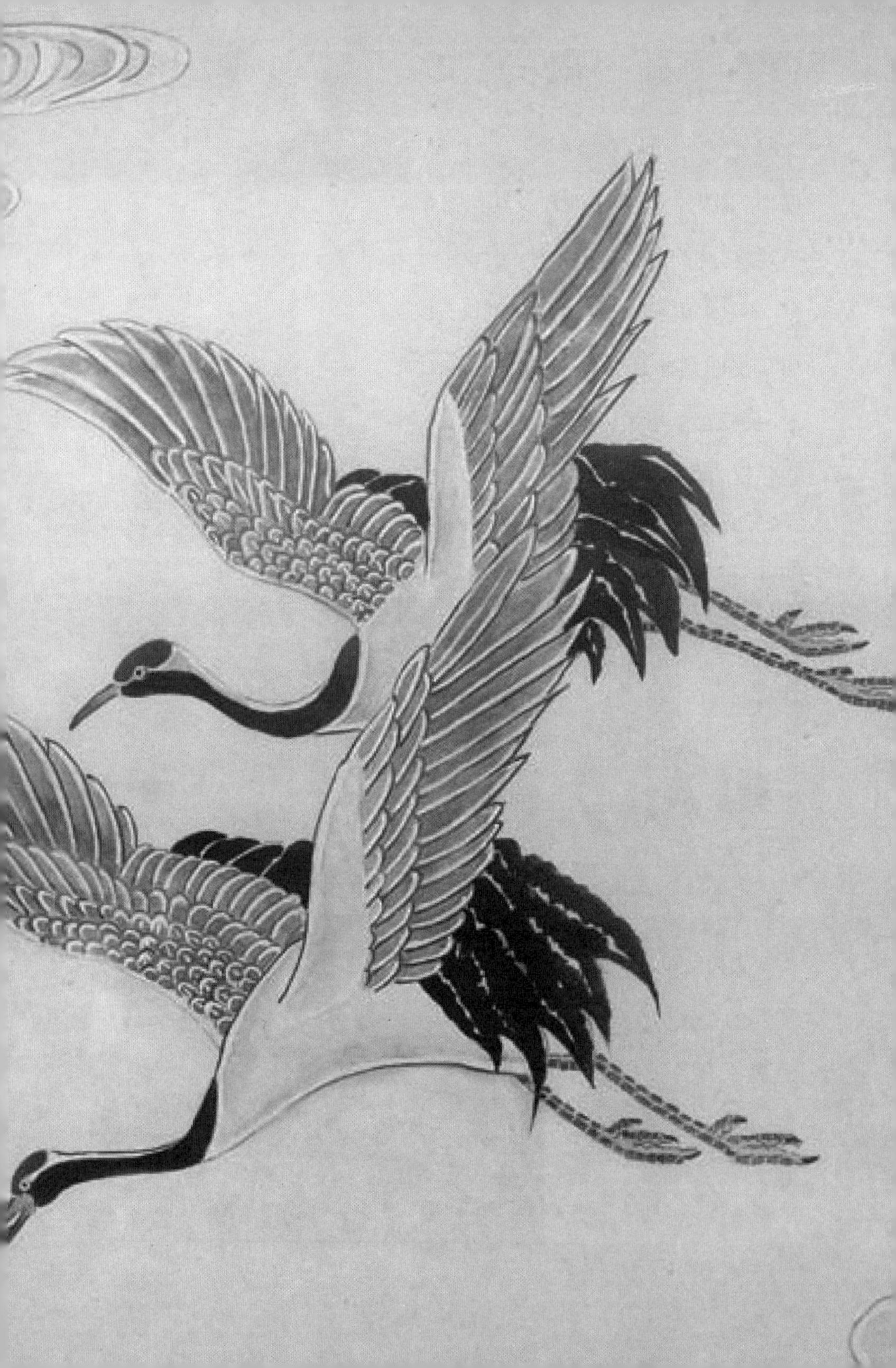

五、少年的游玩地

少年的游玩地

（一）花儿市和庙宇

从蒜市口曹家的小院往外走，四个方向都有不同的境界。

先说往北走。往北走不了几步，就来到了花儿市。花儿市不是一处售卖花卉盆景等观赏植物的市场。那"花儿"是指民间手工艺，即用绒绢等材料做成极为精美的首饰花朵以及凤鸟蝴蝶等。这种

红楼绝唱——曹雪芹

种"相生花",精致得如同鲜活的花鸟一般。还有千姿百态的吉祥图案。那时的妇女,是必须讲求梳妆仪容的,头发须梳得油亮,一根头发都不许松散,上面插戴着金银珠翠等饰物,可是还不能缺少一朵这种花儿——如果不这样,人家会误会,至少以为他家里有了不祥之事。

由于是花儿市,这一带自然也就有专卖妇女化妆的脂粉头油、簪环镯钏、绣花衣裙的店铺,构成了一片芳香艳丽的世界。小雪芹每到此地游玩,便有了一种无以名状的感受,使他日后对女性的一切问题都十分留意和敏感。

这儿也有另一种物品引起了他强烈的爱好和赞美,那就是玉。它对小雪芹也产生了极大的吸引力。

这一切,都遥遥预示着小雪芹日后写小说时取名《石头记》,而且这块石头还化成了"通灵宝玉"。

从蒜市口往四周看,大寺小庙,远近为邻,数不胜数。雪芹从小就喜欢游庙。他小时候在南京第一次随着家人外出,就是到织造府东侧的万寿寺,那是他家的家庙;再往北,还有水月庵,都给小雪

芹留下了深刻的印象。上庙,是到香火旺盛的庙宇去看庙会。游庙却可以是寻觅已经荒凉的古寺遗迹,凭吊名胜,怀念前代名流诗客。小雪芹对这两种情景,都深感兴趣。

(二)祭祀泰山的庙宇

在中国,祭祀泰山的庙宇千千万万,这里主要说两座曹雪芹小时候常常去、并对他日后创作产生重大影响的两座庙宇——泰山行宫和东岳庙。

一到泰山行宫,那景象与关帝庙就全然两样了。

那儿供奉的是泰山女神"碧霞元君"。说来有趣,中国的山川之神都是女性。泰山是中国北方最雄伟的山岳,碧霞元君娘娘的塑像表现的却是端庄静秀的东方女性,头戴着穿珠冕旒,身着绣袍,尊贵高洁,而又慈祥亲切。

另一处令小雪芹神往的庙宇便是他家东面的太平宫了，太平宫俗称蟠桃宫，坐落在东边煤门通汇河的南岸。庙里供的是王母娘娘，这座小庙之所以有趣，是因为它包含了很多有趣的故事。其中，最著名的要数《西游记》里描写的"美猴王"的故事，猴王来到天宫，玉帝让他看管桃园，他却馋得把仙桃吃得一干二净，当王母娘娘请了客人来，才知道蟠桃已经一枚也不剩了，大为尴尬。由此美猴王也闯了一场大祸。

这些故事，使小雪芹为之向往。他觉得这座神庙简直就是一座小巧的《西游记》艺术宫！他觉得这比什么玩具都好玩得多。

宫门外临河是一大片空场，平日里这里人山人海，挤满了各种各样的货摊、游艺棚，叫卖声、锣鼓声连成一片。游人如织，络绎不绝，仿佛人间仙境。从崇文门到此，循河三里，都是垂柳，比画还美。这就是人们自己创造的乐园了。

这块地方对小雪芹影响很大，激发着他日后创作小说的灵感。

少年雪芹来到东岳庙，那感受又是与众不同的。他读了康熙皇帝的御笔碑文，才知道此庙于康熙三十八年遭了火灾，皇帝拨了"广善库"的专款，命裕王爷监办，费了三年的工夫，才将庙重新修好，碑是康熙四十一年立的。一进正殿，举目先见一方巨匾，题写着"灵昭发育"，是康熙帝的大字御书。望着眼前的一切，

雪芹立即想到，那时正是爷爷在时，家里家外，是全盛的时代。

于是雪芹一层一层地逐个参观：

正殿是天齐大帝，两旁有侍女、相臣、武士。

东西殿为神君、道士、仙官、将军……无不神妙绝伦。

三皇殿，供奉的是伏羲、神农、黄帝。

正殿后是寝宫。当他到了正殿后的寝宫，不觉屏住了呼吸，睁大眼睛——他

所见到的是一百多个千姿百态的侍女塑像!这些少女,都美丽可爱,简直栩栩如生。

雪芹惊呆了,脚下不肯移动了。

最后面是玉皇阁。

这些殿阁中,有两层最使曹雪芹惊叹和赞美。

少年雪芹把同在岳庙的"阎王殿"中的"七十二司"和"侍女群"这两个毫不相干、性质完全不同的意象,忽然联系在一起,他产生了一个奇特的想法:七十二司太丑恶了!侍女群太美了!人说七十二司掌管着人的亡魂;我也可以另创一个"世界",非阴非阳,那是少女们的灵魂归处,由一个美丽智慧的仙姑掌管着她们的"命运簿册"。

雪芹的这个奇想,是一种对世俗迷信的嘲讽调侃,也是对妇女命运的一种最新奇最圣洁而又最沉痛的"社会主张"

与"哲学思想",这是一种与传奇故事相"结合"的产物。他迸发出这样一个灵感,成为他构写小说的契机,也是他天才火焰的展现。

当你读他小说中所写的"太虚幻境"时,你便明白了它的来源竟然是谁也意想不到的东岳庙——山门外有一座引人注目的大牌坊,殿门内两厢分别列着"薄命司""痴情司""春怨司""秋悲司"等众多名目的"分司",这正是仿照东岳庙的建筑布局而产生的艺术联想与文学创造。

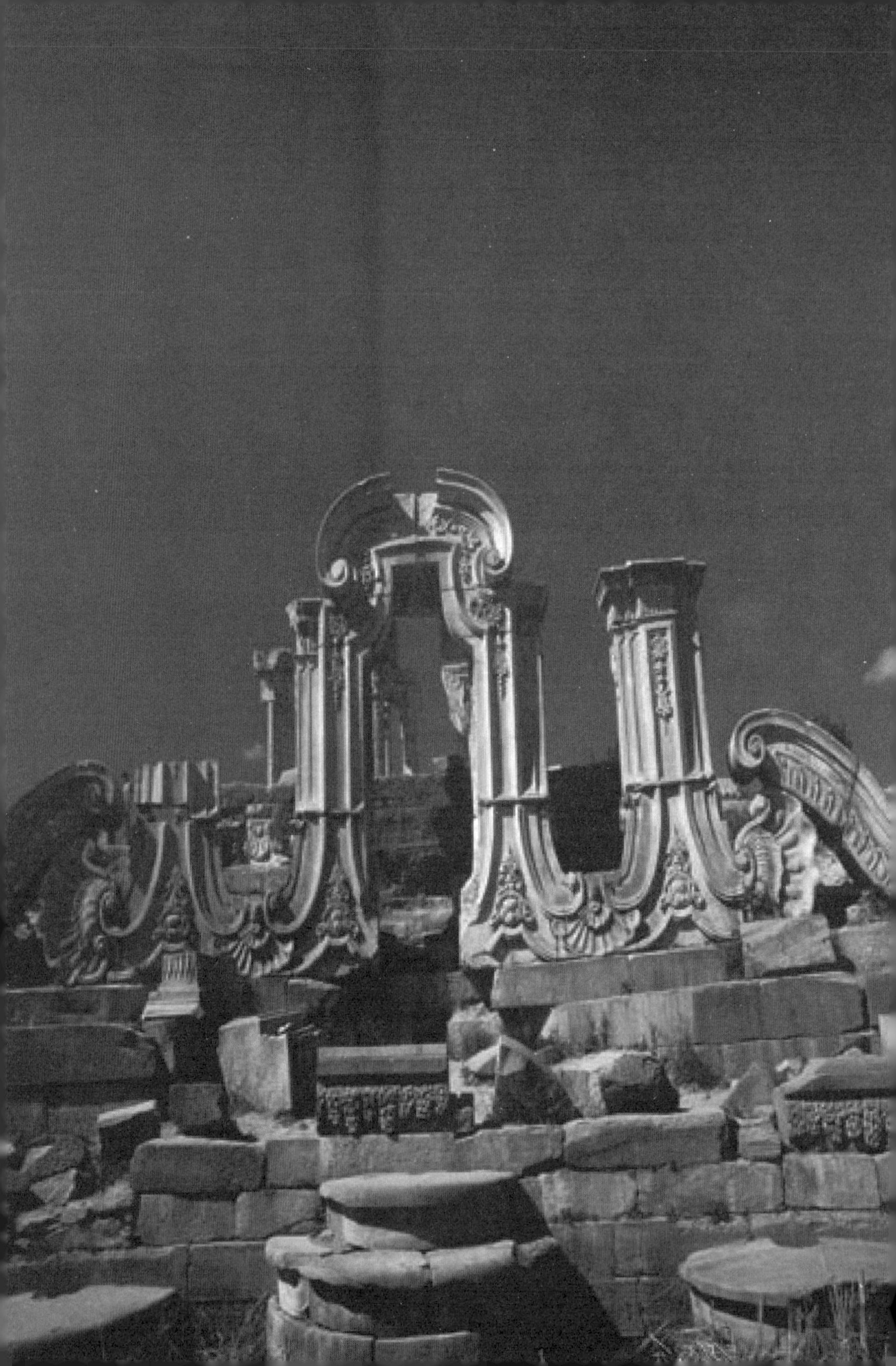

六、否极泰来

（一）世家公子

雍正十三年（1735年），雍正皇帝暴亡，乾隆皇帝即位，直到第二年乾隆元年（1736年），是少年雪芹一生中最快活、最难忘的时光。

普天的"气候"改变了，好像春天也来得早，寒风不似以前那么刺骨了，人间开始有了温馨的气息。

先是雍正十三年十一月,大表兄平郡王福彭擢升为协办总理事务大臣,于是雪芹随着家人到西城石驸马大街的王府里去贺喜。这座极其雄伟坚固的明代古建筑,风格与别府格外不同,气势恢弘,府里热闹非凡。

同年三月,福彭又做了正白旗满洲都统,这是曹家所属之旗的最高长官。

接着,又因为福彭实心做事,在王爵上"晋录三级"。

雪芹的祖姑丈傅鼐,也做了兵部、刑部两重兼职尚书,也是掌管军政大事的一品大臣。

"同难同荣""六亲同运",那时候的政局变化就是如此。

雪芹真正成了世家公子。他的"锦衣玉食"的生活,也就是从这时候开始的。

他有了更多的自由,可以出门到各处去游玩参观了。

从他家出门往南,走得远些,渐渐就

否极泰来

变得人烟稀少了,显得有些荒寂。东南方向上有一座古庙,俗称卧佛寺,殿内有一尊巨大的木雕如来佛,闭目枕肱,头朝西方。身上披着绣衣袈裟,精美动人。佛的四周,站立着十八位大弟子的塑像,个个面带悲戚——原来这是如来卧病,将要涅槃,众弟子悲悼的情景。使少年雪芹产生了新的感触:原来佛也不是永生的,也要离去,他便觉得心情异常沉痛。

在游览时,他见这一带冷落的旧寺中,多有寄存的棺材放在偏僻的空房中,问仆人时,才知道这些都是外地的贫困之士,死在京师,家中无力将其葬回家乡,就存放在寺庙中。那种景象,十分凄凉。日后雪芹写祭晴雯的诔文中有"尔乃西风古寺,淹滞青燐,落日荒丘,零星白骨"等痛句,正是这里的景象。又见有一所育婴堂，也在近处，那还是康熙年间建立的，专门收容弃婴和无家的孤儿幼女。那时没有子女的人，便来这儿讨个孩子，回家抱养，作为义儿义女。雪芹听说自己堂兄家就有育婴堂出身的少妇。

这些印象，慢慢地连在一起，便印入了少年雪芹的心间，他开始思索人生的各种不幸和苦难了，他好像有一种愿望：寻找一条什么道理来解释这样的人生际遇。

再往前走，还有两处相邻的古迹名胜：夕照寺和万柳园。夕照寺也多存"旅亲"。万柳园则是早年相国冯溥的园子，雪芹听说爷爷少年时结交了许

多名士、诗家,曾到此园聚会。如今这园子已十分荒凉了,再也没有那样的名流前来游赏吟咏了。

雪芹从小爱诗,作诗的天赋也极高,他的师傅们都夸他有诗才。他这时更喜欢作诗了,当他游玩到这一带时,特别有诗兴,觉得诗句就在胸中激荡,便欲提笔一写。

(二)内城景象

这时,他也可以进内城看看了。

一进崇文门,便使雪芹精神一振,眼界大开,与以往所见景象都不同了。真是人烟鼎盛,市井繁

华——这是直对着崇文门的东单牌楼,内东城的第一处名胜。从"东单"向西望,是一条极为宽阔的街,笔直而望不到头。遥遥看见一座高大巍峨的琉璃瓦装修的三洞大门楼,叫做"三座门"。这条大街上也有巨大的牌坊。一切规模制度,色彩结构,都高大壮观,与外城大不相同了,这才是他真正看见的"皇都"气势。

那条大街叫做长安街,原是元代土筑都城的南面城墙的基址,明代改建砖城时,把南墙向南推了出去,这基址就成了著名的街道。循此街一直向西,可到天安门的外旁——皇宫的一层正门附近。雪芹和老仆不往那走,转而向东。走了一小段路,到一路口。老仆说这条胡同叫做方巾巷。

"怎么是方巾巷?"雪芹很纳闷。

"早年间,大明朝吧,念书人都戴一顶方巾做帽子,远远一看就认出是读书的,受人尊敬。"老仆解答。

"哦,独这儿卖方巾了?"

"对。反正这儿的方巾最有名气。卖方巾的都聚在这儿。"

"为什么呢?"

"为什么?前边就是贡院啊。"

"贡院又是怎么回事?"

"贡院是赶考的地方啊!顺天府考举人,天下各省来的人考进士,都在这个大贡院——大极了,要容得下一万多人来考!这么多考生都住在贡院附近,可热闹了。从这儿直到东单,人山人海,做买卖的净等赶

考,东西涨价,都发了大财呢。"

"这儿哪来的那么多客店?"

"问得对!原来不是客店,是附近的住家户们,都腾出几间房,专门租给这些客人住。贡院周围的胡同,家家门口贴一张大红纸,上写四个字。"

"哪四个字?"

"状元吉寓。"

"这是什么意思呀?"

"是吉利话:谁要租我的房子,准考状元——状元是进士第一名。金榜一出,天下闻名,要什么有什么了,做官发财,还有大家大户的闺女,都争着要嫁给他呢。哎,说真的,过几年,哥儿也来考个状元,给咱们家争口气。"老仆叹了一声。

雪芹不答。沉思了一会儿，又问：

"你怎么知道这些事？你又不来考呀。"

"咱们家老宅就在贡院旁边呀。"

"是吗？"雪芹大吃一惊。"你领我去看看。"

雪芹随着老仆过了方巾巷，走不多远，就是贡院正门，那门紧闭不开，门外左中右是三座大牌坊。再往东行，已经望见了大城墙。墙内有一条河，名叫"泡子河"。老仆说，河两边都是明朝的老宅子，有很多豪华园子，大清入关后，八旗人占了那些宅子，曹家是正白旗，划归东边，就分到了一所房子。这一带的自然风光十分秀美，令人神往。

他们二人走到河东边，到了一座宅子，大门

向西开，很是高大。门前有两三棵古老高大的槐树，枝条遮满了门墙和附近的上空。几级高高的石头台阶，傍着门两边一双石柱形"门蹲儿"，顶端是精致的狮子浮雕，那石头年深日久，已磨得十分光亮。

老仆站住了，用手指了指，一言不发。

雪芹领会，也不再问，站在门前竭力往门里望着。

这处老宅院，如今不姓曹了，但是它记录着曹家迁到北京以后的百年历史，其间诞生了很多不凡的人物，发生了很多不寻常的事。

老仆告诉小雪芹："你的爷爷曹寅住在这里时，中了举人。后来康熙皇帝不让咱们旗人再考功名，说咱们本来世代有官位，不必和那些穷念书的争这点名利。可你爷爷心里还是盼着儿孙有高中的。他说过，我并不喜欢科名利禄这条道，可是世上没有出科名的家门，人家会看不起，总被当粗人看。你爷爷那么好的诗，才气谁都难比，怎奈江南的那些书香世家，背地里就鄙薄他。你爷爷为这个心里窝着气呢。"

雪芹陷入沉思了，"怎么，爷爷一辈子那么大名声，还有不舒心的事？"

老仆笑了，又叹了口气，"你到底是个孩子，爷爷那心事可重了，你现时也难明白。他给园子里一间房子起名叫'鹊玉轩'。"

"什么是鹊玉轩？"雪芹急切地问。

"也是你爷爷讲过我才懂的。他说古时候有一座山，山上尽出玉石。可是当地人却不知珍惜，从小把它当泥土瓦块一样看待，只要弯下腰，就捡一

块玉，拿它赶喜鹊鸟儿！所以你爷爷叹息说多么难得的人才，没人识得，把他当平常使用，不也是一块'鹊玉'吗？！"

雪芹觉得被雷电轰了一下，半晌不语。

等到后来，他借到爷爷的诗集，看到两句诗："娲皇采炼古所遗，廉角磨砻用不得。"

雪芹明白了：爷爷把自己比作能够补天的神石，可是单单这一块没用上，丢在了地上，很多年后，石头的棱角磨没了。就是有人想再用它，也用不得，成了废物了！

雪芹深深体会到了爷爷的想法。这使他不禁一阵心酸，泪流满面。

玉和石头的故事，震撼了雪芹，永难忘记。

日后，他就是以石和玉为开端写他的小说的。

这不仅仅是小说，这是一段深刻

的人类历史，也是关于命运的崇高的悲剧。

(三)优伶世界

上了年纪的老辈家仆，领雪芹到这些地方，都带有怀旧的心情。年轻的嬷嬷哥哥（乳母的儿子）则不喜欢那种冷落和僻静之处，他领着雪芹向另一个方向走——往西走。出了家门，如果一直往西，过了金代古迹"金鱼池"，经过神圣的只能远看的天坛，就是"天桥"的所在。

这地方极其好玩，江湖卖艺的、耍大刀的、卖药的、弹唱的、算卦的、卖民间饮食特产的……很是热闹，一片下层社会市民娱乐游玩的气氛，令人眼花缭乱。雪芹初来时，大开眼界，也引起了他不少思绪。他感叹穷苦人为谋生路而必须承担的牺

牲与苦难，也感到"人的类别"，因而心情复杂万分。

如果出了家门先循崇文门外大街北行一点，再穿过很窄很长的胡同，便是正阳门外商业最繁华的地区。这条大街两侧布满了商店，店"门脸儿"的雕刻建筑和各式各样的招牌、装饰，工艺之精巧、色彩之华丽，使游览者如同来到了另一个世界。两侧再各进入里侧一层，则又布满了客店、饭馆、会馆、钱庄、珠宝店、乐器店……再有，就是茶馆和戏园了。

雪芹最想看一看他向往已久的"查楼"。

查楼是北京城最古老的一座戏院，因为是姓查的人建的，故人皆称查楼。有名的戏班和名角，都在这演出。

查楼在一条很窄的小胡同里，如果不是巷口悬着"查楼"的木横匾，是很难找到的。查楼门前，摆设着戏剧舞台上用的道具：武戏用的刀、枪……耳中已然隐隐

约约听到笙笛弦索的妙音,又不时夹杂锣鼓的节奏……雪芹被这一切吸引住了。等到他看过一场戏后,更是被迷住了。

雪芹是一个天生的艺术家,他一看就迷上了这里的一切,这丝毫不足为奇。奇的是他因此惹下了无穷的麻烦,更奇的是,这种麻烦给他写作小说提供了意外的机缘。

雪芹迷上了戏,也迷上了某些名角小旦。下流的戏迷是把小旦当"男妓"看待的。雪芹则不然,他是极度欣赏和怜惜这些沦落风尘的艺术家的,把他们看得十分尊贵。

还有一种风气,在八旗子弟中逐渐形成了:这些子弟不务正业,甘居"下流",天天与"戏子"混在一起,日久天长,也学会了唱戏,于是就以"良民""公子"的身份登台表演起来。这叫"串戏"或"客串"。这种浪荡子弟,为家人亲友所唾骂,无奈社会风气有时是不可逆转的。雪

芹小说中写的一个人物柳湘莲,正是这样的例子,他和主人公贾宝玉是极要好的朋友。

事实上,雪芹自己就走上了这条路,成了一个被唾弃的"不肖子弟"。他竟然也"粉墨登场"了。

事情很快传到了家人的耳朵里。

风波掀起了,家长、族长,都对他规劝,大骂,处罚……

没有用处,雪芹无意悔改。

这也还只是败坏家声的问题。更可怕的是他结交了某家王府里戏班的小旦,几乎使家里卷进了新的政治麻烦,这使曹家家长忍无可忍。

家长没了办法,最后拿出了满族人的老家法、老规矩:圈禁!

曹雪芹对于"戏子",自有他的看法和评价,他特别重视"奇优名娼",更同情他们不幸的命运。

曹雪芹的"放浪",就是对"礼法"

的破坏。这不只是个人甘愿与否的问题，还有一个"圣朝"容与不容的问题。而曹雪芹，正是由于放浪而成为"圣朝"所难容的一位失意的人才——伟大的艺术家。

　　大艺术家难觅知音，在世俗社会中是困难万分的。他们与各种艺人优伶交往，不顾亲朋的嘲骂，表面上不守礼法，实质上则是一种艺术家的相互欣赏。艺人中情性过人、信义极重、牺牲自身救助朋友的例子，就在当时也是有记载的。艺人的身世命运的不幸，也是雪芹念念不忘、难以释怀的心头恨事。

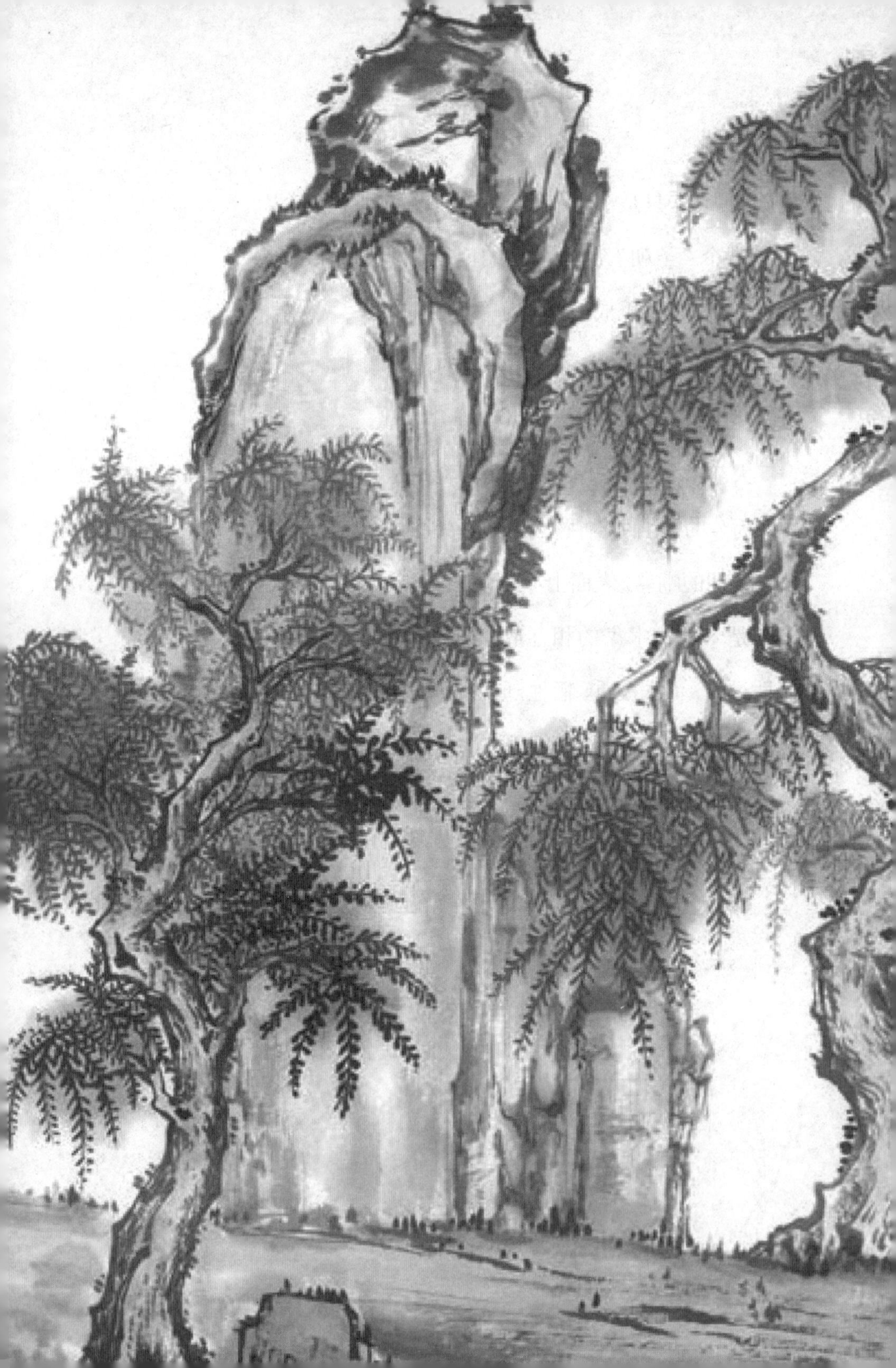

七、第二次巨变

（一）彻底破败

从乾隆三年到五年，雪芹当是十五到十七岁，他似乎就在这段时间之内被圈禁。而在这段时间内，皇家朝政上又酝酿了另一场惊涛骇浪。这场风浪，彻底改变了曹雪芹的生活和人生道路。

这场风浪并没有新的质变，仍然是雍正一手所种植的那株畸形的政治之树

所结的恶果。

乾隆继位后，虽然也曾用心费力地去收买人心，消除旧怨，可是远远不能平息皇室内根深蒂固的冤仇毒怨。大约从雍正一死，几支重要亲王之间就暗地勾结，要趁仅仅二十几岁的青年弘历登上皇位的时机发动一次大政变。

老一辈胤字排行的王爷，除了果亲王，几乎全部参加了。最奇的是，怡亲王是雍正竭力抬捧的"贤王"，竟然也是暗中反对雍正的人。

事情是这样的：宗室王公，绝大多数都为康熙"废太子"抱不平，而痛恨雍正这个狼心狗肺、阴险狠毒的恶魔，大家要在他年轻的儿子弘历身上报仇雪恨。大家一同暗中扶植废太子的嫡子弘晳，想让他夺回宝座。

这次密谋的规模，史书没有详述。皇帝本人也只透露了一个口风：弘晳竟然已照皇家内务府的制度，设立了自己的"会计司""掌仪司"等七所机构（内务府下设七司，掌管皇家一切财产庶务）。也就是说，不但"居心不可问"，实际上已以皇帝自居，初具规模了。

这桩"逆案"在乾隆三年酝酿，已被新皇帝获悉。中间经过不详，大约有人告密。乾隆四年十月，宗人府已在议罪复奏了——建议把这些王爵革除，永远圈禁。

等到乾隆五年的秋天，趁皇帝外出

秋猎之际，庄亲王之子又与人一起"密谋"造反，结果也被发现而失败了。

这场政变规模之巨大与斗争之激烈，实为少见。牵连的各层人员更不知有多少，曹家又是其中之一家。

在这场复杂的事变之中，雪芹的祖姑丈因交纳下级人员太宽泛，底下人府里的"包衣人"（即奴仆）惹了事，十分严重，以至革职入狱，随后病卒了。雪芹的大表兄福彭，也因"失察家人"受到重责——自乾隆五年到七年整整三年的历史，官书不敢明言一句，很可能是卸职家中"反省思过"。

曹家本身呢，当然更麻烦——逆案首犯是庄亲王，他现任内务府大臣，可以直接指使全府的人员，何况雪芹的堂叔辈中本来就有人在庄亲王府里当差役。曹家是康熙帝的世仆，与太子自然关系密切，查出过太子命其乳公凌普向曹寅

处"取银",一次就是两万两。再说怡王府,雍正也说过是"疼怜"曹頫的。由这些情况可以看出,雪芹家又无法逃脱奴籍的厄运,再次被抄家问罪。这次似乎比雍正五六年间那次的情形更惨——那次还有很多力量暗中保护,而这次谁都爱莫能助了。

从这以后,曹家诸人的痕迹,无论是官家档案,还是私人记载,都无一字可查了。这充分说明了曹家的最后破败。

这时候,乾隆特别注意八旗包衣人和汉姓人的往事。他下令准许这些包衣"开户"——脱离原主,自立户籍。又命这些汉人(早已隶属满族旗的旧人)在考试时归于汉军(真正的汉人军兵)类内一体举行。他还详细调查

了这些人上世归旗的原始根由。看来，乾隆在民族问题上产生了新的想法，他的眼光渐渐地有了歧视汉姓包衣人的苗头。这对曹家也造成了很大的影响。

（二）内务府当差

雪芹长到18岁，按规矩要到指定的地方去当差服役了。

曹雪芹曾被派到咸安宫官学。这所官学是雍正下令专为"教育"内务府子弟而新建立的一所"包衣学校"。汉人中有学问的举人、贡生都被派往官学做"教习"（汉文教师），在咸安宫官学任过事的先生曾直接或间接地听到和提到过"曹雪芹"这个名字，似乎知道他，尽管只是一个朦朦胧胧的影子而已。

有人记下了他在内务府做过笔帖式和堂主事。这也是很可信的传闻。

笔帖式又是什么意思呢？原来是满语的译音。蒙古语中也有相应的一个名词。满语"巴克什"，后转为"榜什"。清人没入关时，巴克什的地位是相当高的，是文职的赐名；等入关后改译汉名为笔帖式，各部院衙门普遍设置，有翻译、帖写等名目，掌管翻译满汉奏章文籍等事务，官级最高的不过七品，已经是一个最普通的文职小员了。但旗人由此进阶，升迁很方便，八旗的许多贵官，实际上很多都是由笔帖式出身。汉人是不能充当笔帖式的，内务府中，当然更没有汉人或汉军笔帖式。这一点在清代制度上是十分清楚的，可以使一些不甚了然于内务府籍与汉军籍之别的人们，获得又一个辨识的机会。

笔帖式的差使当得好的，可提升为堂主

事。内务府的结构是"总管"为首，下设七司，各设"郎中"，郎中大概相当于现在的副部长。以下便是"主事"了，都是司内的办事分职的次级小官员。其中的"堂郎中"和"堂主事"是负主要责任的。

主事除了正式编制的名额以外，还有"额外主事"。《红楼梦》写荣国府的主人贾政，就是皇上"额外赏了一个主事"的职位，也就是隐写内务府家世的巧妙之笔了。

雪芹在内务府当差的确切年月，都难以知道了。从情理上来讲，这都是他18岁以后的事。他为什么要离开内务府，也不可知。恐怕主要还是他"不甘为庸人驱制驾驭"的原因吧。

他在内务府当差大约最多只到乾隆十三年左右，这也是他一生为皇家做"奴才"的唯一一段经历。

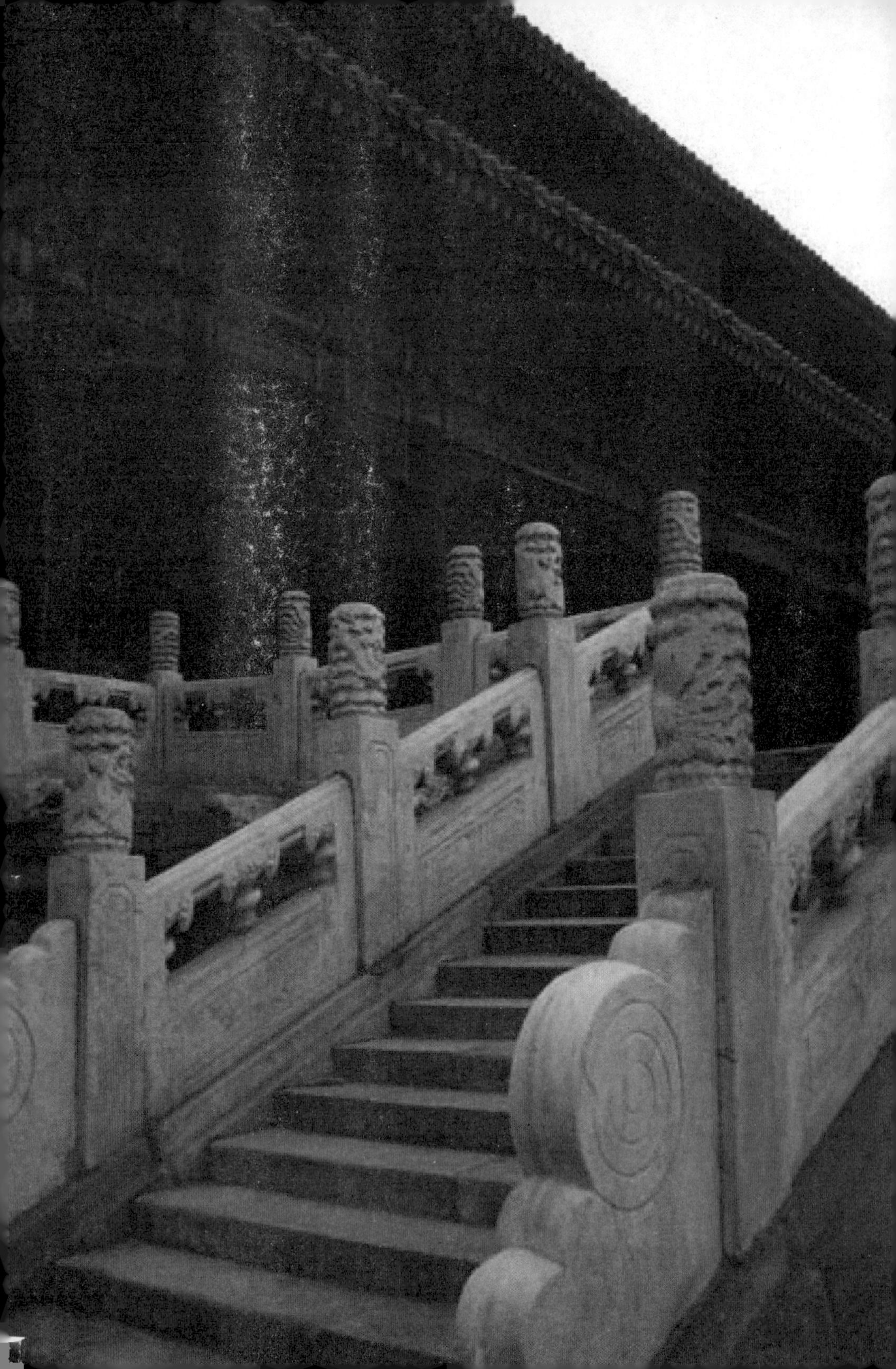

八、漂泊的生活

（一）四处流浪

雪芹在内务府的这几年，是他一生中生活稳定的阶段。但也许是因为他言行不守"规矩"，惹恼了上司，便"罢职丢官"了。

从此，他便转入了一个十分困难的流浪时期。虽然说是一个时期，实际上这种处境是他后半生的基本状况。

他是一个公子哥出身的人，不懂得生计之事，也不会经营生活，甚至连衣食也不能自理，是处处需要人服侍的"废物"。这就是他自谓的"天下无能第一"了。他很快就陷入了缺衣少食、举目无亲的困境。

大约他所能想出的"办法"就是求亲告友，忍辱地求一个寄食借住之地苟活。

这是很不光彩的，但这是事实。

大表兄平郡王府是第一处可以寄身托命的所在。姑母会疼怜他，收容他。平郡王府里多了一个半个吃闲饭的穷亲戚，原来也算不得一回事。但受下边人的白眼，听难听的话……这些世态炎凉的人间百态，他饱尝了。

不幸的是，平郡王福彭只活到乾隆

十三年便辞世了。此时雪芹年当25岁。福彭一死,府中情况随之大变,雪芹看自己无法再住下去,只好告辞姑母家,另寻生路。

从平郡王府往西,不太远是旧刑部街。据传说,雪芹的岳父家就在此街。这自然也会成为他寄食的一门亲戚。他的岳父是谁?夫妻感情如何?已经没有人知道了。估计他在岳父家的经历不会是很愉快的。也许有些像小说中的封肃对待他的女婿甄士隐那样:"今见女婿这等狼狈而来,心中便有些不乐……士隐乃读书之人,不惯生理稼穑等事……封肃每见面时,便说些现成话,且人前人后,又怨他们不善过活,只一味好吃懒做等语。士隐知投人不着,心中未免悔恨……"

这种局面自然不会太长。雪芹又曾经历过丧妻的不幸,便与岳父家断绝来往

了。

等到连亲友也无处可投之时,他还住过庙院,住过马棚,住过"水窝子"。真可以说是每况愈下了。

前文讲过的蒜市口与广渠门之间,有一座古庙俗称卧佛寺,内有巨大木雕卧佛,雪芹小时去过的。如今无家可归,他便一度寄居在此寺内。

这庙是冷落的,香火不盛,游客更是稀少。寺内有明代古槐,又有一个小跨院,十分幽静。雪芹求老方丈主持,终于求得一间空房住下了。

住处是勉强有了,可是三餐无计。近世大画家齐白石讲过一个传说:雪芹在卧佛寺中时,特别穷,画家因此画了一幅《红楼梦断图》,一角寺院,古柯荫瓦,残月当天。上面的题诗写出了雪芹寒夜孤灯,在贫困中独自写小说的情景。

雪芹写小说要用纸,可他连买纸的钱也没有。他就把旧历书拆开,翻转过来做稿纸。一位名叫潘德舆的诗文名家曾记下他所知的雪芹的一些贫困时的状况——他在正白旗满族世家钟昌那里做"西宾"很久，所以能听到关于雪芹的一些逸闻。他曾撰文说（译为今天的普通话，大意为）："我每次读《石头记》，便感动得泪如雨下。此书作者一定是一个怀有特别的痛苦、十分忧郁的人。我听说这个人平生放浪成性，没有衣食，寄住在亲戚和朋友家。屋里除了一张桌子和一把椅子之外，没有其他的东西了。每天晚上挑着灯，奋笔疾书。没有钱买纸，就把旧皇历拆开，在纸的背面写。"

这就是雪芹在贫困流浪中不懈著书的真实生活写照。

（二）西宾生涯

比寄食生涯略微强一些的，是他后来有了在富贵人家做"西宾"的机会。富

红楼绝唱——曹雪芹

贵人家聘请在家塾教子弟读书的老师、助理文墨公牍的"幕客",称为"西宾",俗称"师爷"。做这种西宾的,都是在科考时不能高中的举人、贡生等下层的文人或老儒。

在雪芹做西宾的记载中,有的只言"某府",有的指明是"明相国府"。这个称呼,在康熙时即指明珠,但在乾隆朝,则应指明亮。雪芹在他家做过馆师,有相当的可能性。因为雪芹认识"明"家的同族人,如石虎胡同的富良家便是一例,安定门内的明瑞家也是一例。

明亮对曹雪芹这种放荡的人很不喜欢,再加上旁人的嫉妒和诬陷,给雪芹加上了一个"有文无行"的罪状。不久,便把雪芹辞退了。

被相府辞退的雪芹,名声大坏,别的

人家大抵是不敢再请他了。雪芹在北京城内已经没有立足容身之地了。

在相府中诬陷诋毁之词是很多的，种种"行为不端""道德败坏"，而写小说当然也是罪责的一条。

雪芹做西宾时继续写《石头记》，人人都知道，不少人爱看他的书稿，每当看不到下文时，就来催促他快点接着写下去。

每当这个时候，雪芹就对催书的人说："你给我弄来好酒、烧鸭，我吃饱喝足，就给你续写下一回。"

这种情形，是由裕瑞记下来的。裕瑞的母亲是"傅"字辈富文的女儿，这一记

载是很可靠的。

裕瑞还记下了以下几点。雪芹那时已经有些发胖了,肤色很黑。性格诙谐,很善于言谈,能使听他说话的人终日都不会厌倦。他的小说里写的名王府第,都是实有的,只是改了名称。他也知道雪芹与平郡王府是姻亲,是诸府中之一门。

多铎是努尔哈赤三个幼子之一,为正白旗旗主。他的老府遗址就在后来的协和医院一带。

雪芹在无衣无食的时候,自然也曾忍受着耻辱去求告自己的骨肉同族和至近的亲戚,但他得到的却是侮慢和诽谤。这使他回想起从祖父起就为世人称道的慷慨助人的门风,而慨叹自身所受的轻贱。他在小说里特写一个村妇到荣国府去攀亲求助的经历,这位贫苦老妇人却得到了她所不敢想象的厚待。

这无疑是间接地反映了作者在这方

面的切身体会。"炎凉世态"是他书中的一大主题。

雪芹到处遭到白眼。他最困难的时期，甚至没有容身之地，只得住在一家大府以南的附属马厩和府后的"水窝子"里。

"水窝子"是"水屋子"的音转。旧时北京城内饮水都是井水，有的井靠近官道，过往行人口渴了，就需休息买水喝，于是井旁就有人搭起一间简陋的小屋子，烧水卖茶，叫做水窝子。

雪芹处境的艰难，可以从中看出来。

雪芹曾寄命存身的大府是哪里？说来也巧，正是居民世代相传的叫做"西府"的那座巨大的宅第。

（三）敦敏、敦诚

曹雪芹在北京城中居住、游荡、流浪，所结识的朋友数量有

限，其中最重要的两位就是敦敏、敦诚。他们是宗室兄弟，是雪芹的至交，他们二人的诗集中，保存了关于曹雪芹的诗篇，因而宝贵无比。

敦家的祖宗也曾是正白旗的旗主，住在北京内城西南角的太平湖侧，这里离平郡王府很近。这也为他们的相识提供了一个便利的条件。

曹雪芹常常到右翼宗学（雍正下令建立的学官之一）串门，便结识了敦敏、敦诚兄弟二人。因为他们两人，我们才知道了雪芹中年以后的一些情况。

敦敏，字子明，号懋斋，生于雍正七年（1729年），比曹雪芹只小5岁，卒于嘉庆元年（1796年）以后。敦诚，字敬亭，号松堂，别号慵闲子，生于雍正十二年（1734年），比曹雪芹小10岁，卒于乾隆五十六年（1791年）。他们两个本是胞兄弟，父亲名瑚玐（1710—1760年），但敦诚在15岁时过继给叔叔宁仁为嗣了。他们是和硕

英亲王阿济格的第五世孙。

曹雪芹之所以能和敦家兄弟成为好朋友，是因为他们气味相投，谈得来。也就是说，他们的遭遇、生活和思想感情当中，有许多共同的东西。虽然他们的经历不能全部相同，有很多差别，但这些差别比起那些共同的东西来，却是微不足道的。他们同是牢骚激愤，不平而鸣，同是经历、认识了"小政治"（统治集团内部矛盾）的丑恶才擦亮了眼睛，进而有可能认识"大政治"（整个社会）的黑暗。

身世遭遇、思想感情，是敦、曹友谊的基础，这是毫无疑问的，但是敦敏、敦诚和曹雪芹结识，首先引起他们注意的，却是曹雪芹的才华风度。

曹雪芹是怎样的一个人

呢？虽然我们所能获得的关于他的记载十分少，但是从这仅有的记载中我们也能想象到：这个人有趣极了。

有机会和他接近的人，最容易发现的是：他善谈，会讲故事。只要他高兴起来，愿意给你说，那他可以说上一天。他的健谈是有特色的。第一是他那放达不羁的性格和潇洒开朗的胸襟，能使他的谈话嬉笑怒骂，妙趣横生；第二是他的诙谐，信口而谈，不假思索，便能充满幽默和风趣，每设一喻、说一理、讲一事，无不使人为之捧腹绝倒，笑断肚肠；第三是他自具心眼，不同流俗，别有见识，凡是他所不同意的，他就和对方辩论，口若悬河，滔滔不绝，往往都能让人心服口服；第四是他的傲骨，愤世嫉俗，凡是他看不过去的事情，他就要加以揭穿，冷嘲热讽，使听者为之叫

绝。

有了这几个特色,我们可以想象曹雪芹谈话时该是多么的妙语连珠、精彩百出。这就不用奇怪年轻的敦诚成为他的好友,并爱上这个人物了。

相处久了些,慢慢地发现,曹雪芹嘴上的妙处固然过人,肚子里的妙处更是不一而足,同时手上也有绝活。越是和他相处,越是发现这个人了不起。他成了敦家兄弟"一日不见,如隔三秋"的好朋友。

(四)以诗会友

曹雪芹在敦氏兄弟等人心目中,首先是诗人,然后才是文学艺术家。

这点是有证明的。敦敏在雪芹

生时的诗句说他:"寻诗人去留僧舍,卖画钱来付酒家。"在雪芹死后又赋诗说:"逝水不留诗客杳,登临空忆酒徒非。"很显然是把雪芹当做诗人看待的。敦诚就更直接了,他后来回忆和雪芹在宗学相会相交的原因之一就是"爱君诗笔有奇气"。雪芹卒后,敦诚有一次和人联句,追怀所有的亡友,一一加以列举,其中就说到了"诗追李昌谷"的曹芹圃(即雪芹)。又有一次谈到他自己写作一折《琵琶行》传奇剧本,说明"诸君题跋不下数十家"之后,只举了雪芹的诗为例。由此可见,雪芹这位诗人在敦诚心中有着多么高的地位。

为什么敦诚这样推许曹雪芹的诗呢?第一因为敦诚本人是诗人,懂得诗,所以能赏识曹雪芹的诗;第二因为曹雪芹的诗实在是好,比敦诚自己的诗要高明得多,所以敦诚为之欢喜赞叹,佩服倾倒。

曹雪芹的诗,也是有家学传承的。他祖父曹寅是康熙时期的一位大文学家,诗、词、曲三方面都有很高的造诣。那时期诗坛上人才辈出,曹寅只是一个八旗少年,利用他的特殊条件,广泛地结识了当时的诗文大家,尽情唱和,不但毫不逊色,而且颇有过人之处,为许多前辈们所惊叹。曹寅在清初诗坛上的地位和成就,应该说,不逊于纳兰性德。

曹雪芹对于这样一位祖父,当然是怀着爱慕和敬仰的心情。他虽然没有与爷爷有更多的接触,但爷爷留下的那部丰富多彩的诗集,他却下了功夫读过:种种迹象证明,曹雪芹对祖父的诗篇十分熟悉。他的诗风颇受祖父的影响是没有疑问的。曹寅的诗虽然各体风格不同,又善于汲取六朝、唐、宋诸大家的长处,但其特别喜欢宋诗并接受其重大影响的痕迹则十分明显——这就间接说明曹雪芹的诗也势必趋近宋人,具有熔铸矜奇的

特色。

当然，这只是曹雪芹的诗形成的一个因素，由于环境条件、生活经历、性格才情的差异，曹雪芹的诗自然又有自己的风格和特点。

第一，他的诗绝不轻作。这并不等于说他不爱多写，数量少。而是说，无所谓的诗，他是不肯作的。可知他的诗里面绝少滥调陈言，更不用说无病呻吟，无聊应酬了。

第二，他的诗格意新奇，有奇气。这是敦诚告诉我们的。关于格意新奇，敦诚曾举雪芹为他题咏《琵琶行传奇》而写出了"白傅诗灵应喜甚，定叫蛮素鬼排场"的句子，敦诚称之为"新奇可诵"。关于奇气，是他回忆和雪芹在宗学聚首时而说的："爱君诗笔有奇气。"我们体会，这"奇气"和"新奇"有联系又有区别，"新奇"只是指诗歌的格局而言的，而"奇气"所指的东西更大、包容得更广了。

敦诚还提出过一点，那就是曹雪芹的"诗胆"。他称曹雪芹："知君诗胆昔如铁，堪与刀颖交寒光。"雪芹的诗胆如铁一样刚硬，而且如刀一样锋利。

这一点更是无比重要。在那个时代要认真写自己要写的诗句，确实是需要胆量的。当时写出"清风不识字，何必乱翻书"等句子的人，都遭了奇祸。人死了，诗句后来被发现有"毛病"的，还要"剖棺戮尸"，那活着的人要想写诗，得冒多么大的风险，得有多么大的"诗胆"？

我们可以想象，敦诚所谓雪芹诗的"奇气"，是和"诗胆"相关联的东西。遗憾的是，除了"白傅诗灵应喜甚，定叫蛮素鬼排场"这两句十四个字外，曹雪芹宝贵的诗篇没有流传下来。令我们后人感到无比遗憾。

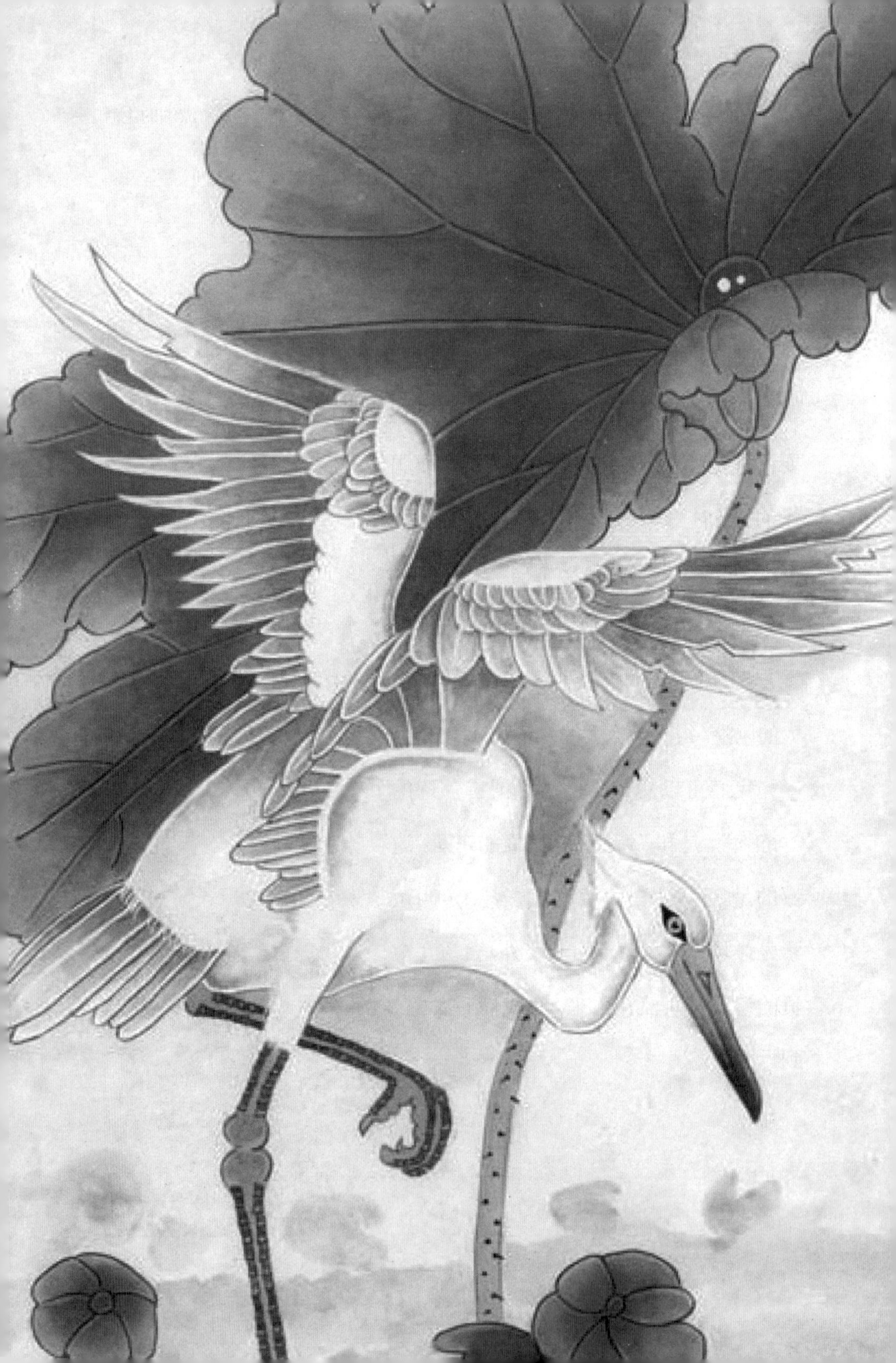

九、乡村生活

（一）西山僻巷

在北京城里只能住马厩和"水窝子"的雪芹，终于不得不离开北京城，到郊外去另谋生路。他出了西城门而远至香山脚下，中间还应有许多曲折。那时候，西郊是皇帝常到的地方，有几处著名的"御园"。这些御园各有众多的护军驻守，还有名目繁多的为园子服役的大量内务府

属下的旗人和杂役。雪芹来此，大约也还是为了投奔这些人当中的亲友和旧识，为求一个寄身之地。

西郊很多地方都有过他的足迹。最后他才来到了西山近旁。

所谓西山，广义的范围极大，北京的西北是望不尽的层层峰峦。人们狭义上常说的西山，则指北京西郊离城最近的这一层小山，也有数不清的小山峰，各有美好的名称。香山不过是其中之一，大约就是雪芹最后居住的地点。

他这个住处,早已不可确指了。我们确知的是:他的友人称之为山村,秋天则称为"黄叶村"。沿着一条小"巷"或者是一条小山径,弯弯曲曲,很费力才能找到他的小房子,四周长满了蓬蒿野草,高得像要把房屋掩起来。门前是一片野水。出门一望,就是近在咫尺的碧水青山。环境是美的,可是那小房子的简陋,让来访的友人都为之叹息难过。屋子是用草木搭建的,连最基本的家具也没有,那种贫困的情境,城里的人难以想象。

雪芹素来喜欢这种山村的幽美之境,但贫苦的状态,却也是不容易忍受的,正如他自己所说:"富贵不知乐业,贫穷难耐凄凉。"他对自己原也是个"浑身矛盾"的人,非常清楚。

他的好友敦家兄弟了

解他,说他是"举家食粥酒常赊""日望西山餐暮霞"。这前一句用的是唐代大书法家颜真卿的典故,他穷得没米,全家已经多日只煮稀粥吃了。后一句是借用道家练气功的用语,比喻雪芹常常没有饭吃,只好眼望着西山"吸"那云霞之气,这里说得极文雅有趣,实际上却苦得很。

雪芹这时的收入有两个来源:一个是卖画,一个是当村塾的老师,教一些村童们念书认字。

做塾师通常叫做"教馆"。雪芹在城内做西宾,大约也与此有关,是做先生教书,而不是管案牍的相公。还有传说他在外县教过馆,那么他到山村里,仍然借教馆维持生活是极有可能的。村塾的先生待遇是极低的,民间常常流传着一些名人未"发迹"时做馆师的那种寒酸境况的故事,是人们茶余饭后的笑料。雪芹之友说他是"司业青钱留客醉",意思是借诗圣杜甫的诗句来比喻雪芹留客人酒饭时,只有借苏司业(苏涣)那几个铜钱来待客。这"司业"原是国子监的官名,在此也许就是馆师的借称了。

雪芹画得一手好画,画几张画卖些钱。友人说他"卖画钱来付酒家",就是指他没钱时向酒铺赊酒喝,等卖了画,再还积下的酒债。

生活的穷苦窘迫,一直紧紧地跟随着雪芹,困扰他的神思才智。

(二)写作情况

乾隆九年(1744年),敦诚进入石虎胡同的右翼宗学去读书了,他的哥哥入学自然比他还要早些。到乾隆二十二年(1758年)秋

天,敦诚把一首诗寄给已经在山村的雪芹。

这首诗开头先从雪芹的先世写起,叙述了他家门的败落,处境的艰难,说到他与司马相如有相似的经历,曾开小酒店为生。回忆他们在右翼宗学剪竹夜谈的往事,盛赞了雪芹的才华气概迥异于常人。感叹如今远隔两地,十分怀念。最后劝雪芹说:您不必再向那些富家求乞,做他们的"食客"而遭受轻贱了;最好的生涯就是在山村继续写书,这才是不朽的事业。

看来,敦诚不但对雪芹的为人是倾慕备至,就连他写书的事,也是鼎力支持的。敦诚并不像一般人鄙视作小说是"下流"的事,他的其他诗句中也常常暗示出雪芹写《红楼梦》的事实。

敦诚这时在喜烽口,他正随叔父在这个长城的关卡处居住。

从敦诚的诗句语气来看,雪芹此时到山村恐怕还不久,也许还不时有回城谋生的打算。在此前三年,即乾隆十九年(1754年),脂砚已经抄出《脂砚斋重评石头记》的前部分若干章节了。这个抄本卷前有一首诗,也很重要。

浮生着甚苦奔忙?盛席华筵终散场。
悲喜千般同幻渺,古今一梦尽荒唐。
漫言红袖啼痕重,更有情痴抱恨长。
字字看来皆是血,十年辛苦不寻常。

这首诗描述了雪芹写小说时的复杂感情,语调十分沉痛。也揭示"十年"这一时间跨度,这也许说明,过去的十年光景,正是雪芹在城内叩富家之门,充当西

宾的日子。

在敦诚寄诗前一年的农历五月初七日，脂砚已经整抄出七十五回的《石头记》来。在这回书的前面，她写了一行题记："乾隆二十一年丙子五月初七日对清。缺中秋诗。俟雪芹。"

还有两行字，是暂记的残缺的回目，很多字是空格。

这一切表明了一个事实：雪芹的写作生涯，并不像现代作家那样幸福。由于生活十分贫困和不稳定，由于性情的放浪，随手信笔，乘兴而书，再加上任人借阅，他的手稿的情况是十分凌乱不整的。日子久了，每回书的首尾便弄得残破了，甚至失散了。中间偶然留下的当时未定的空白之处，也等着他补齐。

这些，雪芹自己有时是忙着往下写精

彩篇章，暂时顾不得前边的琐碎之处，有时是任性之笔，兴尽之后，就不写了，也不放在心上。这样的情形，使书稿的命运常在危险之中。

于是，这些琐碎却重要的工作，就都落在脂砚斋的肩上了。

这脂砚，便是那首题诗中的"红袖"——这个词语在古汉语中是指代女子的。那"情痴"，则正是指作者曹雪芹了。他们二人经历了"千般"悲欢离合，感到以往的前尘旧事真同一场梦幻，已经杳不可寻，却历历在目。

有一部模仿《红楼梦》的续书，写到了雪芹早先著书时的情景，竟然是他坐在炕上，地下几个"小厮"（年轻的仆役）围坐，听他口讲，做笔录。

这种"作书"的方式，听起来很离奇，似乎很不合理。但在雪芹说来，有人请他喝酒吃烧鸭，他兴致来了，就用口讲，像市井"说书"的艺人那样，是

完全可能的。有几个人记录，然后整理统一"定稿"，因此现存的抄本《石头记》中时常出现同音的错别字，这种情况如果不是由于听音记字，就很难解释了。

当然，并不是说《石头记》全体或大部分是这样写成的，而是说至少有若干部分、片段，确实是这么记录成文的，它与作者本人亲自书写的文字，是有些差异的。

这应该还算是他在"顺境"中的作品，至于他在逆境困境中，那种艰难与坎坷，远非今日所能想象。这会造成他书中的残缺、断落，文字风格略显不同，情节偶失平衡照应等细小遗憾。对这些，以往的评者不止一次地提出"质疑"，那是因为不了解雪芹的书是在怎样的情况下写的，不能体

会雪芹写作时一身所承担的沉重负荷与多层的痛苦,有些部分甚至是在贫困忧愁、饥寒交迫下写出的。

(三)脂砚斋

脂砚斋的真实姓名是不便、不肯也不敢公开的,只是用化名"脂砚斋(主人)",意思是用胭脂来代替墨汁的人——这显示了她本是一位女性的事实。

脂砚斋,她也就是用朱红色的字来细细点评《石头记》的那个"神秘的人物"。

雪芹由于立志要写成这部小说而遭到同族与亲戚等人的笑骂唾弃,但他也不是完全没有

得到同情与支援。这是他一生最大的奇迹，这个同情与支援者就是脂砚。

从数以千条计的脂砚斋评语来看，其思想与感情的焦点是以全部心神来赞美作品的，又是以全部心神来关切作者、疼怜作者、爱护作者、体贴作者、崇拜作者！她是雪芹第一个深刻的知音。她透露了内容中大量的深层的涵义和艺术的妙处，也透视了作者的心理活动和精神境界。没有她的批点解说，有许许多多的重大问题是我们永远不能读懂的。

由于她最理解雪芹之为人，最爱护他所写的小说，她不但细加批点，而且还做了大量其他的工作，可以说她是一个写作助手、一个整理人、一个鉴赏者、一个保护原稿者、一个宣传者。

我们可以列举一些她做的辅助工作，比如决定书名，建议将小说里的某些重大情节做删改，校正清抄本的文字，代补了许多空缺之处，代撰整回的缺文；她掌握稿本的章回情况，建议改动设计；她为书中的隐语，难解的僻字，都做了注解；她为此书做出了"凡例"，列于卷首，并题了总诗，替全书做了批语等等。脂砚斋确实是曹雪芹的一位非常重要的助手乃至合作者，《红楼梦》的撰写，其中包含着她的功劳和功绩。

曹雪芹穷愁著书，有了这样一位同道和密友、亲人，精神上的快慰和激动，是不用说的。他们俩除了原来的亲密关系，又加上了这一事业上的合作，感情更是非比寻常的。

脂砚斋借着批点书稿的形式，有时与读者

讲话，有时与书中人物"叙旧"，有时与作者"交谈"。有时兴致很高，诙谐幽默，但更多的时候是感伤思念。她的许多批语与书稿一样，是"滴泪为墨，研血成字"的。

寒闺冬夜，孤独寂寞的脂砚，克服重重困难，辛苦不倦地为《石头记》尽她的全部心力。

然而，我们从脂砚斋的许多批语来推断，她与雪芹并不能经常聚在一起。她的批语是在与雪芹不能会面时做的，那隔离着的情况，从批语口气中有明显的透露。这当然可能是雪芹出外南行了，但可能还有别的缘故，是被迫分开的。这也许是由于生计上的问题而不得不做出的安排。也有可能是被迫而暂避，因为二人的频繁相见在当时舆论里是"不合法"的，是不光彩的事情，有人施加压力，逼他

们离开。这样的知音却不能时常见面,交流感想,这是多么大的悲剧呀!

(四)凄惨离世

曹雪芹在"黄叶村"里过着饥寒交迫的困窘生活,转眼就到了乾隆二十八年(1763年)。

每当春暖花开,雪芹都要和朋友们赏花饮酒,聚在一起,而今年却一次也没有提起来这种兴致。连好友敦诚的30岁生日聚会,他都没有去。

三月初一,是敦诚的生日。今年又恰逢敦诚的三十整寿。敦敏为了庆祝弟弟这个三十而立的大日子,邀请了很多朋友来聚会,当然一定邀请了曹雪芹。

到了敦诚生日这天,始终没见到雪芹的身影。若在往常,雪芹说什么也兴致

勃勃地去赴约。今年,他竟然没有到场。

雪芹之所以没有来,是由于贫病交加。这一切原因,敦敏、敦诚两人其实是明了的。

俗语说:"福无双至,祸不单行。"大概真有这种情况吧,不顺心的时候,竟然是一事不了一事又生。

从这年春末夏初开始,北京地区出了一件百年不遇的大事:痘疹横行。

出痘是人生一大关,必须过了这一关,生命才算有几分保证,不但小孩,大人也是如此。雪芹的友人家,遭此痘灾的，单是敦家一门就有五口。雪芹只有一个孩子，是前妻留下来的，可怜孩子没有母亲，所以曹雪芹特别珍爱他，也是雪芹穷愁中唯一的一点牵肠挂肚的骨肉。在痘疹猖狂的岁月里，家家的小孩朝不保夕，人心惶惶。雪芹为此，真是忧心如焚——不要说进城去会亲友，简直是没有心思做任何事了。

可是，哪里有雪芹能够幸免的事啊，他最怕的事情终于发生了：他的爱子染上了痘疹。雪芹又没有钱给孩子看病，只能眼看着染病的孩子一天天地衰弱，日渐垂危。到了这年的秋天，孩子终于没能挺过去，让病魔夺去了生命。

痘疹夺去了雪芹爱子的生命，也就夺去了雪芹的生命。

儿子死后，雪芹悲痛万分，据传说，他每天都要到小坟上去瞻顾徘徊，伤心流泪，酒也喝

得更凶了。虽然友人劝慰,但是又怎么能治疗他心灵上的巨大创伤。忧能伤人,再加上各方面的煎迫烦劳,不久雪芹自己也病倒了。

"举家食粥"的人,平时的日子都不好过;卧病在床,又没有什么营养,更没有什么药物。朋友中间或者有能给他一点帮助的,然而今年敦家丧祸不断,泪眼不干,自顾不暇,哪里还顾得上数十里外远在西山脚下的曹雪芹呢?甚至可能连消息也不知道。雪芹的病,病根在心,又加上生活的无着无落,怎么能好呢?他的病情,从秋天开始渐渐地严重了。

乾隆二十八年癸未的除夕(1764年2月1日),别人家正是香烟爆竹、笑语欢腾的时刻,雪芹却在极其凄凉悲惨的情境下离开了人世!

乾隆二十九年新年即1764年的正月初二，敦诚家的看门人来禀报，说有一个老者求见，是曹二先生家里打发来的。敦诚很高兴，雪芹总是礼数周到，还想着大老远的来人拜年，就让人快点请进来。

进来一位农民打扮的老者，却是一身蓝布新衣裳，新鞋帽，见面先行下礼去，口说"新春大吉大利"。敦诚连忙搀起，作揖谢道："老人家您辛苦了，大老远地进城来……"话还没说完，只见老者从怀中掏出一个素白的信封，敦诚吓了一跳，先不接信，忙问："怎么是白纸的？"

老者的泪水滴在手上："曹二爷没

了。"

敦诚脸变了颜色,接信的手颤抖着。

"怎么就不行了?哪天的事?可留下什么话?"他急切地问道。

"曹二爷是年三十没的。他家里昨天就让我送信来,我说大年初一,谁没个忌讳?就推到今天才来。"

"怎么就偏赶大年夜这个日子?"

"他是病缠久了,又贪几口酒,不肯在意保养。过年了,谁家不添点酒饭?大年夜又是守岁的时节,他新得了酒,可就没了拘束,太过量了。人一下子就禁不住……"老者说不下去了。

"临危有什么说的吗?"

"听说是来不及说什么就不行了。只听说他说过,书给毁了,还没弄

齐,死也闭不上眼啊。"

"家里呢?"

"家里什么也没有,真叫可怜!病重时,也没有钱买药调治调治……"

敦诚像木头一样站着。接过白信封的那只右手,还在颤抖。

这样一位旷世奇才,正像他自己比喻的:是一块落在荒山下补天用的奇石。他一生的结局是脂砚斋所说的,如同杜甫一样:生遭丧乱,奔走无家,数椽瓦片,就遭贪吏之毒手。甚矣才人之厄也!也是归结到一点:天生才人,一生受尽了厄运的折磨、摧残和陷害。

曹雪芹死后十二年,即乾隆三十九年甲午(1774年)的八月,脂砚斋在她手藏的一个抄本的开头处写下了一段沉痛的批语。这是脂砚逝世前的最后一段批语,也可以说是她的绝命词。雪芹泪尽而亡,抱